プロフェッショナル・リーダーの
人を見極め、動かし、育てる法則

株式会社イメージング代表取締役
池本克之
Katsuyuki Ikemoto

ダイヤモンド社

はじめに

今、あなたは何に全力投球していますか？　その努力を楽しんでいますか？

人間は、習慣の生き物です。慣れてしまうと無意識のうちに体が動き、同じことを繰り返します。

人間は、変化を嫌うものです。正確に言うと、他人や環境がもたらす変化によって、習慣を〝変えさせられる〟ことを嫌います。

さらに人間は、変化を拒む理由を見つける天才でもあります。「そんなの無理」「私には無理」「前例がないし」「そんなことしなくたって――」

そうなんです。そんなことしなくても、変化も成長もしなくたって、人並みには生きられます。それでいて、心の中では〝人並み以上〟を望んでいる人が多いのも事実。昨日と同じ今日を繰り返し、変化も成長もしていないのに人並み以上を望むという、おかしな「習慣」にはまっているのです。

では、人並み以上になるには、どうしたらいいのか。一言で言えば、目の前の仕事に全力を尽くすこと――だと思います。寝食を忘れて、無我夢中でやる。

日々の仕事を適当にこなしている人と、どんな条件でも本気で取り組み、他の人の何倍も努力している人では結果に差がつくのは当然です。その積み重ねが、年月とともに差を広げていきます。

何年か前のこと。私は会社のソファーの肘掛けが丸くへこんでいることに気がつきました。「ヘンだな……」と思って調べてみると、ある社員が毎晩そこで寝泊りしていました。彼は自分が発案したプロジェクトを進めるため、通常の仕事を終わらせた後、こっそり会社に残って企画を練り上げていました。ベッド代わりになっていた安物のソファーの肘掛けは、ちょうどいい枕だったわけです。

その後、彼はどんどん力をつけ、大きな仕事を任されるようになりました。その努力を知らない周囲の人は、彼のことを「運のいいやつ」だと思っていたかもしれません。もしかすると、彼自身も「自分は運がよかった」と思っていたかもしれません。

私も、ある起業家の先輩に「どうして短期間で会社を大きくできたのか」と質問された時、思わず「大した実力はありませんが、運だけはいいんです」と、答えたことがあります。でも、その先輩にバッサリ斬られました。

「運も実力のうち。努力もせんのに運がつくわけがない。なのに、努力したと言わん。そこがあんたのええところや」

認めてもらえた嬉しさ半分、安易に運という言葉を持ち出した恥ずかしさ半分。でも、それが自分と自分の仕事を振り返る一つのきっかけになりました。


私はごく普通の家庭に育ち、たいして勉強もせず、高校生まではこれまたたいしてうまくもない野球に明け暮れ、大学でも学業よりアルバイトを優先し、「海外で暮らしてみたいなぁ」くらいのことしか考えないまま何となく就職した、どこにでもいる若者でした。ところが、入社1年目にいきなり転勤を言い渡され、数年の間に関連会社への出向や相次ぐ配置転換を経験しました。失敗もたくさんしました。でも、ビジネス社会の荒波にもまれ、いろんな人と出会う中で気づいたんです。

「仕事ができる人は、何をやってもうまくできる!」

でも、自分には能力がない。だから、どんな仕事もがむしゃらに取り組んで、吸収できるものはすべて吸収し、仕事ができる人に一歩でも近づいてやろう――。そう考えるようになった頃には20代も後半に差しかかっていました。

目的も目標もなく就職した私ですが、とにかく目の前の仕事に食らいつき、小さな実績をコツコツと積み上げ、いつしか他部署から「新しいプロジェクトに入ってくれないか」と声がかかったり、社外の方から「うちの会社の幹部にならないか」と誘っていただけるようになりました。

そうした誘いの声がかかるということは、自分では考えもつかないような仕事ができるチャンスが転がり込んでくる、ということでもあります。そのチャンスに躊躇せず飛び込んだからこそ、今の自分がある――それは間違いありません。

でも、そこで結果を出すことができたのは、人に恵まれたからだと思います。数千億円ものお金を扱うことができたり、海外でサービスやマーケティングの実務を経験したり、たった数年で売上げを数十倍に伸ばした会社のトップにいることができたり。そうした経験の根底にあるものは、チャンスを与えてくれた人、私のチャレンジをサポートしてくれた人との出会いだと思います。

くどいようですが、人一倍の努力もしました。辛い思いも幾度となく経験しました。土日も関係なく始発で出勤し、終電ぎりぎりまで働いて帰宅する生活を数カ月も続けたり、突然リストラを言い渡され何の保障もなく失業したり、事業の戦略を誤って業績を悪化させ、社員に辛い思いをさせてしまったこともあります。

問題は、こうした辛く苦しい場面で、その現実を正面から受け止め、もがき苦しみ、諦めずにコツコツと這い上がることができるかどうかです。そのプロセスで得たものこそ、何ものにも代えがたい「プロとして生きていく力」になります。

このことにもっと早く気づいていれば、私は違った人生を歩んでいたかもしれません。でも、深く考えもせずに社会に出た私には、泥水を飲むような苦境を味わう経験が必要でした。仕事人としての知識も技術もなかったのですから、当然のことです。しかし、最も足りなかったのは、素直さや本気で取り組むといった意識の部分だと感じています。だから、経営のプロフェッショナル、すなわちプロフェッショナル・リーダーとして生きていこうと心に決めるまでに、10年以上の歳月を必要としました。

人生80年余りとすると、中間点に差しかかった今、私は自分が得意な仕事、好きな仕事、失敗してもまたやりたいと思える仕事に懸けてみることにしました。新しく通販の開発をやりたい。そして、海外にも事業を拡大させたいですし、そのノウハウを提供するビジネスもやってみたい。そのために、10月から株式会社イメージングの社長に就き、新しい航海を始めます。

人には必ず得手・不得手があるものです。仕事ではそんなことばかり言ってもいられませんが、大抵、好きなことは得意で、嫌いなことは不得意。不得意なことに、いくら真面目に取り組んでも、得意な人にはかないません。私は、自分が不得意なことは、人との出会いに恵まれているという得意分野を活かして、得意な人にお任せしようと思っています。

大きな仕事、困難な仕事には強いチームが必要です。一人ひとりが得意な分野で能力を最大限に発揮し、不得意分野を補い合える理想のチームを率いて、仕事に全力投球したい——そこで最高の結果を出し、チーム全員でその喜びを共有することが私のゴールです。

そのために、この新たな航海で私がどのように舵を取ろうとしているのか、これまでの経験から学んだ自分なりの考えを本書にまとめました。私はまだまだ成長の途上にありますが、現時点でのプロフェッショナル・リーダーとしての私のすべてといっても過言ではありません。新しい生き方の一つとして、これから日本を背負って立つ、あるいは世界に向けて日本から飛び出していく仕事人の参考になれば本望です。

優れた商品、抜群のアイデア、社会のニーズがあるのに、そこに経営のプロフェッショナルがいないために埋もれてしまっている事業が無数にあります。今、ビジネス社会で求められている経営のプロフェッショナルとは、一体どんな仕事をしているのか。また、プロフェッショナル・リーダーとして人を育て、強いチームを築き、企業を成長の軌道に乗せるにはどうしたらいいのか。私なりの考えを書き進めていくことにいたします。

2008年9月

池本克之

目 次
Contents

プロフェッショナル・リーダーの
人を見極め、動かし、育てる法則

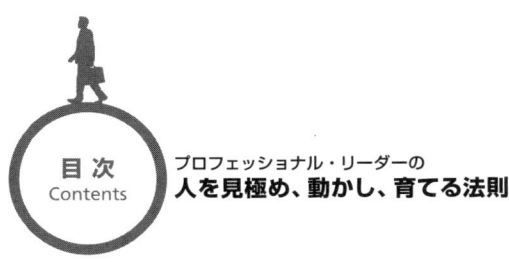

1章

「人」を見極める法則　017

2章

3章

「人」を育てる法則 087

4章 信じる力 119

5章

プロフェッショナル・リーダーとして 147

1章

「人」を見極める法則

そこにいる人でベストなチームを作る

「どうしたらそんなに業績を伸ばせるんですか?」

経営セミナーなどで講演すると、参加者の方々から必ず聞かれます。1年3カ月で月商7倍、経常利益率35%、4年で2社の店頭公開——。私が〝雇われCEO〟として関わった組織の変貌ぶりを見て、「なぜそんなことができるのか」「どうすればいいのか」と相談に来られる方もいます。

「業務を効率化したい。ノウハウを教えてください」

無駄をなくすことは、確かに大事なことです。無駄なことに費やしていたエネルギーを本来の業務に向けることができれば業績も伸びるし、何より組織が活性化します。

「お客さまからの手紙を社内に貼り出すと社員の意識が変わるって、本当ですか?」

本当です。これは2年前に出した本(『年商3億円を120億円に変える仕事術』大和書房)で紹介した組織変革の一事例です。お客さまに〝つねに〟満足していただくことが事業の継続的成長を支える鍵。お客さまの声を〝つねに〟意識し、お客さまのほうを向いて考えることを習慣化できれば、成長の軌道が見えてきます。

私はここ10年で4社の経営に関わり、組織を成長軌道に乗せる様々な工夫、ノウハウ、アイデアを蓄積してきました。

効率化、活性化、マーケティング、高付加価値化。やるべきことはたくさんあります。もちろん業種・業態によって、あるいは組織の状態や症状によっても処方すべきクスリは異なります。

でも、根本のところはどこへ行っても同じです。私が**新しい組織に入って、最初にやること――それは「チーム作り」**です。まず、そこにいる人たちでベストなチームを作る。これがプロフェッショナル・リーダーとしての第一の仕事だと考えています。

一流の料理人は、普通の家庭の冷蔵庫にあるものでも素晴らしくおいしい料理を作ることができます。手元にある**素材の良さを最大限に引き出す**工夫と腕をもっているのが、真のプロ。私も新しい組織に入ったら、そこにいる人たちでどんなチームが作れるか、どうすればベストなチームを作れるかということを第一に考えます。

組み合わせを考えたり、業務プロセスを工夫したり、新たな仕組みを作ったり、チームのサイズを変えてみたり。もちろん、それだけですぐに理想のパフォーマンスを引き出せるわけではありませんが、数字も社内の空気も目に見えて変わります。

そこにいる人たちでベストなチームを作るため、私は最初に必ず全員と面談します。役員からアルバイトさんまで、一人ひとりと直接会ってじっくり話を聞く――そこで人を見極めることが、すべての土台になるからです。

プロフェッショナル・リーダーとして組織を率い、結果を出していくには、メンバーに迎合するのでも、敵対するのでもなく、**一人ひとりの考えやポテンシャルをしっかり見極め、つかんでおく**ことが何よりも大事だと考えています。

「うちの社員はちっとも動かない」と嘆く経営者もいますが、〝うちの社員〟と十把ひとからげにしていること自体が、動いてもらえない原因の一つです。

人間は一人ひとり違います。誰にでも同じアプローチをしていては、人を動かすことはできません。**チーム作りにも、その後のチーム運営にも、人を見極める力は不可欠**です。

正しい見極めには経験も必要です。すでにリーダーとして組織を率いている方も、プロフェッショナル・リーダーを目指している方も、普段から、そして若いうちから意識して人を見る目を磨いておくことが大切だと思います。

将来を見据えて「逆算の思考」ができるか

人間は一人ひとり違います。当然、自分とも違う。相手を正しく見極めるには、まず「自分と違う」という認識をもっておくことが大事です。

当たり前の話だと思われるかもしれませんが、自分との違いをきちんと尊重できている人は少ないものです。相手のタイプ、志向、価値観、強みや課題。あるいは周囲の人との距離のとり方、ものを考えるスピード、コミュニケーションのとり方。無意識のうちに自分のモノサシで相手を測ってしまっています。

自分と同じだと思わないこと。違うからこそ勝手に決めつけないで、一人ひとりと話すことから始める。

黙って観察するだけではわかりません。正しく見極めるには、相手から積極的に**言葉や**

反応を引き出す「質問力」が必要です。営業の仕事でも、ビジネスパートナーを選ぶ時でも、あるいは自分自身が転職する際の面接でも基本は同じ。もちろん、自分の話もするけれど、それ以上に相手の言葉をたくさん引き出し、その人の仕事に対する姿勢を知ることが大切だと思います。

社員との面談や採用面接で、私は必ず将来のことをうかがいます。将来どうなりたいのか、どんな夢をもっているのか――。その会話から私は次の3つのことを見ています。

＊「将来設計」ができているか
＊明確な「目標」があるか
＊その目標から逆算して「今、やるべきこと」が明確になっているか

若い人にたずねると、今年の目標、来年までに実現したいことなど、多くの人は短期的未来の話をします。「今年はとにかく全力で仕事をして、みんなに信頼されるようになりたい」とか「頑張って仕事を覚えて、3年以内にプロジェクト・リーダーになりたい」とか……。

もちろん、キャリアアップのマイルストーンとして、短期の目標や自分なりのチェックポイントを設定することは大切です。でも、私が期待しているのはもっと長期的なビジョン。5年後、10年後、あるいは20年後を見据えて、仕事についても、自分のことも、きちんと先読みして動いているかどうか――。

将来のことを考えることが、なぜそんなに大事かというと、それが**日々の仕事のパフォーマンスを大きく左右する**からです。

将来、自分はこうありたいという明確な目標をもち、本気でそれを達成したいと思っている人は、そこから逆算して「今」を考えています。

「10年後には起業したいんです――」

社長面談でこんなことを言うのはまずいと思うかもしれませんが、私は大歓迎です。

「そのために今、この会社で仕事の基本や経営のノウハウを学びたい」

というところまで考えていればOK。そのために、例えば週末は起業家セミナーに参加しているとか、やりたい仕事に必要な資格取得を目指して勉強しているとか、仕事以外の場面での取り組みについても聞いて〝本気度〟を確かめます。

将来設計ができている人、**目標がはっきりしている人は、学ぼう、覚えよう、成長しよ**

という意識が高い。こういう人は自分から動いて仕事をしてくれるので、会社にとってもプラス。チャンスの与えがいがある人材です。

上司にやれと言われたからではなく、自分自身のために仕事をしているから知識やスキルの吸収も速い。今やっていることが、将来どんな形で活かせるかイメージしながら取り組めるので、こういう人は楽しんで仕事をしています。

日頃からちゃんと考えていないと、将来についての質問には答えられません。その場の思いつきで、もっともらしいことを言うことはできたとしても、突っ込んだ会話になると言葉に詰まったり、話の辻褄が合わなくなったりするものです。本気でそれを目指しているのか、漠然と憧れているだけなのかは、話を聞いていればわかります。

大切なのは、それを単なる憧れや見果てぬ夢で終わらせないよう、**目標達成までのロードマップが描けているか、その努力をしているか**どうかです。

日々の仕事を通じていろいろなことを学び、体験し、刺激を受けたり発見したりする中で目標が変わることだってあると思います。でも、明確な目的をもって、自らの意思で体得したことは何一つ無駄にはなりません。目標が変わったら逆算しなおせばいいだけです。

キャリアアップを目指すなら「逆算の思考」は必須です。たとえそれがゼロからのスタートだったとしても、自分の目標を真っ直ぐに見据え、日々本気で取り組んでいれば結果は必ずついてきます。

「逆算」力を磨く法

逆算の思考は「習慣化」することが大切です。**まずはプライベートな目標で逆算と進捗管理、評価の仕方を覚える**といいでしょう。

ダイエット、引越し、旅行、資格の取得。何でもOK。自分がやりたいこと、達成したいことを一つ掲げて、まずは具体的な仕様と期日を設定します。

ダイエットなら、体重・体脂肪率などの目標値を設定し、それをいつまでに達成するかを決める。達成した自分の姿を具体的にイメージできる、「これは絶対に達成したい！」と思える仕様にすることが大切です。

その上で、例えば来年までにこれを達成するには、今、何をしなければならないか、来月までに何ができていなければいけないかと逆算し、割り算をしてロードマップを作る。1年で体重を6キロ減らしたいなら、2カ月で1キロ落とすペース。それを、どう達成していくのか――。ダイエット本だけでなく、トレーニング、栄養、睡眠、生活習慣、体の基本的な仕組みなど、いろいろな本を読んで、自分に合う方法論を探してみてください。

ここで様々な理論や考えに触れ、視野を広げることも「逆算」力トレーニングの大事なポイントです。意外なところからヒントを得たり、玉石混交の情報の中から正しい方法論を選び取る〝嗅覚〟を意識して磨くこと。さらに、達成できたかどうかを測るモノサシや評価軸も自分で決めておきます。

例えば夏休みに海外旅行をしたいなら、まずはいくら貯める必要があるか、いつまでに旅程を決めて旅行会社に申し込まなければいけないか、その頃仕事は忙しくないのか、自分が休んでも大丈夫なように仕事の段取りをどうつければいいか――を考える。

そして、その旅で何ができたら目標達成とジャッジするのか、ということも決めておきます。メジャーリーグの試合を観戦するでも、ニューヨーク中の美術館や博物館を踏破するでもOK。

「4日で3試合観戦することが目標だけど、2試合なら合格。1試合だけなら旅行に行けたとしても目標は未達成」というところまで自分で決めておきましょう。**自分の決めた評価軸で、きちんと振り返りをする**ことが大切です。

「逆算」力トレーニングを通じて達成経験を増やす——これは次の「『学ぶ』ことをどこまで喜べるか」ということと、実は密接につながっています。

「学ぶ」ことをどこまで喜べるか

「勉強は好きですか？」

これも私が社員面談や採用面接でよくする質問の一つです。「嫌いです」と答える人は、まずいません。上司、あるいは上司となるかもしれない人が目の前にいるのですから、たいがいの人は「好きです」と答えます。でも、それが本当かどうかは、少し掘り下げて話を聞けばわかります。

「最近、どんな本を読みましたか？」「どういう勉強会に行きましたか？」

即答できる人はごくわずかです。

勉強が得意かどうかは別として、自分が「これだ！」と思ったテーマに対して、とことん掘り下げていくことができるか、その努力ができるかどうかが一番のポイント。その過程で自分が感じたこと、考えたことを自分の言葉で語れることが大切です。

もちろん、自分なりの方法論をもって掘り下げていれば、なお良し。それが正しい方法論であれば、もっといい。結果、ダメだった——というオチでもOK。とにかく自分で〝考えて動いている〟ことが重要です。

自分が興味・関心をもったことに対して、単に**「行動」するのではなく「考動」する。それができれば、仕事でも「考動」できる。**——これは面談・面接での重要な見極めポイントの一つです。

「失敗を失敗で終わらせない」人が欲しい

考動力を見極めるため、採用面接では失敗体験・成功体験をうかがうこともあります。私が見ているのは、そこから何を学んだかということです。

特に注目しているのが失敗談。でも、失敗談をきちんと語れる人は意外と少ない。なぜかというと「失敗だった」と思っているからです。「学んだ」と思っていないから語れない。あるいは、失敗の原因を他人や環境のせいにしているから学べていないのです。

失敗から学んでほしいことは、失敗しない方法論ではなく、**結果を出すために〝自分に〟必要なものは何か**、ということです。環境にマイナス要因があったとしても、それを乗り越えるために〝自分は〟どうしたらいいのか。例えば忙しくて時間がないなら、どうやって時間を作るか。そこを考える力、考えようとする姿勢が大切です。

逆に成功体験については、周囲・環境への感謝を語れるかどうかを見ています。もちろん、本人の工夫や努力も大事。具体的にどう考え、どう工夫したかを語れることも重要ですが、組織はチームワーク。成功理由を自分の〝手柄〟としてしか語れない人は、チームワークの阻害要因になります。

成功した時は窓の外に目を向け、そこに見える多くの人たちのお蔭でこの成功があると考えること。失敗した時は鏡を見て、そこに映った自分に責任があると考えること――。これは『ビジョナリーカンパニー』（J・C・コリンズ、J・I・ポラス著／日経BP社）に記されていた一節。まさにその通りだと思います。

「達成体験」を重視している理由

考働力を見極める上で私が注目しているのは成功体験より「達成体験」です。新卒採用で、大学時代に力を入れたことについてうかがう理由の一つもそこにあります。

ここでポイントになるのはモチベーション・コントロール。**自分で自分のモチベーショ**

ンを上げられるかどうかです。

モチベーションのアップダウンに影響をおよぼす要因は様々あります。他人の言動、会社のルール、自分が置かれている環境やその日の天気。でも、こうした要因は自分ではコントロールできません。

「こんなことを言われると」とか、「こんな仕事をさせられるとモチベーションが下がる」とボヤく人もいますが、これは自分ではコントロールできないことにコントロールされている、とらわれているということです。

唯一、自分でコントロールできるのは、自分自身の感情。そこにしっかり目を向けているか。自分の感情をコントロールする術を体験的に知っているか。そこを測る上で鍵となるのが達成体験です。

勉強、スポーツ、趣味。どんなことでもＯＫ。大切なのは、自分がどっぷりハマった何かに打ち込んだ結果として得られた「感情」です。

達成感、充実感、やり遂げたという快感――。それまで**できなかったことが「できた！」という瞬間の爽快感や喜びの大きさを知っているか**どうかは、新しい仕事や難しい課題を与えられた時の思考回路に大きな影響を与えます。

達成体験がある人は、たとえその仕事に必要なスキルや経験がなくても「だから無理」と、簡単に諦めたりしません。「とりあえずやってみよう」**「きっとやれる」という思考回路にスイッチが入る。**だから動き出しも早いし、「またあの快感を味わえる！」と思うとモチベーションも上がります。

逆に達成の快感や成功の味を知らない人は、いざという時に踏ん張りがきかなかったり、そもそも「どうして自分はこんなことをしなきゃいけないんだろう」と考えてしまって、体が動かないのです。

さらに、ゴールを知っている人と知らない人では、ゴールまでのプロセスにも差が出ます。達成体験がある人は、自分は今、ゴールまでのプロセスのどの辺りにいるかということを測って、それをモチベーションアップにつなげられます。

例えば「まだまだゴールは遠いけれど、確実に3歩は前進しているからOK」とか、「全工程の2割しか終わっていないけれど、ここで踏ん張れば6割までは一気に行ける」とか。あるいは「9割まではラクラク行けるけど、いつも自分が苦労するのは最後の1割。そこを大事にしよう」と、**自分の弱点も押さえつつ計画を立て、モチベーションをコントロールできる。**これは仕事をする上で大きな強みになります。

ピンチを喜ぶ人は伸びる

新しいことにチャレンジすると、トラブルや壁にぶつかることもあるでしょう。それを「ピンチ」と考えるのは、壁を乗り越えた経験がない人。だから、壁をよけて通ろうとしたり、その場に座り込んだり、逃げ出してしまったり……。

でも、達成体験がある人は「これを乗り越えれば大きく前進できる」ということが経験的にわかっているので、逃げたりしません。「この壁をクリアできれば、またあの達成感を味わえる！」と思うと、逃げるどころか、ますますモチベーションが上がる。

チャレンジに壁はつきものです。**壁が高ければ高いほど達成した時の喜びも大きく、それだけ自分も成長できる。**だから、モチベーションを自分で上げられる人は、つねに自分から壁を探しています。

成長とは、これまでできなかったことができるようになること。知らなかったことがわかるようになること、見えなかったものが見えるようになることです。予想外のことが起きると、多くの人は慌てふためき、逃げ出したり揉み消そうとしますが、人間は予想外の壁を乗り越える時に最も多くのことを学び、飛躍的に成長します。

つまり、**予想外の壁が出現したということは、成長のチャンス**だということ。そういう状況に対して前向きになれる人、素直に喜んでチャレンジできる人——これが私流の「学ぶことに喜びを感じる人」の定義です。

「勉強は好きですか？」に始まる一連の質問は、すべて学ぶことをどれだけ喜べるかを見極めるためのものです。

「週1冊」の読書習慣をつけ、大事な言葉は書き写す

体には「体幹」と呼ばれる軸があります。ここをしっかり鍛えておかないと、全体のバランスが崩れてしまいます。

心も同様です。明確な目標をもち、心の幹をしっかり鍛えてあれば、どんな状況でも判断がブレることはありません。他人の言動や環境の変化でモチベーションがグラついたりしないし、自信をもって前進できます。

筋トレも、心の鍛錬も、継続することが大切です。小さなことでもコツコツ積み重ねていくと、そのうちぐっと伸びるポイントがきます。

最初は本を読むことから始めるといいと思います。**最低でも週に1冊。**ビジネス書、あ

るいは仕事に関連する専門書。歴史書や小説でも、仕事に活かせる発見があったり、仕事につながるインスピレーションを探すことを意識して読んでいればOKです。

私は1日1冊を一応のノルマにしています。実際に読めるのは週に5冊くらいですが、時々アマゾンをチェックして、売れている本や気になった本はとにかくすべて買っておきます。ジャンルとしては組織論、経営哲学、自己啓発など。つねに目につくところに積んでおいて、その日その時、気になるものや必要なものをぱっと手にとって読む。

読みっぱなしにしないことも大事だと思います。気になるフレーズに付箋を貼ったり、付箋がなければページの端を折ったり、赤ペンで傍線を引いたり。本田直之さんの「レバレッジ」シリーズを読んで、今年から感想文を書くことも始めました。1冊につきA4サイズの紙1枚程度。忙しい時は大事なことや**覚えておきたいフレーズを書き写す**だけ。それだけでも記憶への残り具合が格段に違います。

スキルや知識を吸収するためだけでなく、**自分にとっての〝元気の出る一言〟のストックを増やす**ためにも読書は有効です。

難しい場面に遭遇した時、「そういえば、こんなフレーズがあったっけ」と思い出して、モチベーションを自己調整する。自分のポリシーにしたい一言や、自分自身の目標を毎朝口にするだけでも心の幹を丈夫にするトレーニングになります。

人間は感情の動物。朝から気持ちよく仕事ができれば、仕事がはかどります。そうすると仕事が楽しくなって、どんどん成長する。成長を実感できると、ますます仕事が楽しくなる。マイナスの気分はサッサとリセットして、自分の進むべき方向を再確認する――この切り替えが素早くできれば、成長のスピードも上げられます。

「素直さ」は成長のエンジン

逆算の思考ができるか、学ぶことを本当に喜べるか。さらにもう一つ、面談や面接で必ず確認していることがあります。――それは「素直さ」です。

これは特定の質問に対する答えというより、たわいもない雑談での発言や反応から見ています。例えば「今朝、何食べた?」とか「家からここまで、どうやって来たの?」など。こうした質問を繰り返していくと、素直に答えていない人はだんだん辻褄が合わなくなる。そこは、すごく気をつけて見ています。今日の朝食は答えられても、「おとといは?」の質問にはなかなか即答できない。そういう場面での、特に目の動きを見ています。
記憶を辿りながら一所懸命思い出そうとしている目と、どう答えようかと思案している目は違います。また、作り話をしている時、嘘を取りつくろっている時は目線が泳いだり、本当の話をしている時とは違う目の動きをするので、すぐにわかります。

人間ですから、自分をよく見せたいという欲求はあって当然。多少の背伸びや脚色が入るのは結構。でも、それがあまりにも多い人は要注意です。

一番困るのは、たわいもない会話で嘘をつく人。ありもしないことを平気で語る人は、仕事の場面でお客さまに対しても嘘をつく危険があるからです。

例えば、まだ研究段階で製品化できていないのに「あ、それならできますよ」と注文を取ってきてしまったり。注文を取ってしまったと言えば上司に怒られるのは必至。だから上司には「できるかも……とは言いましたが、注文は取っていません」と、嘘を重ねてしまう。**嘘をつく人は問題を〝事件化〟する危険因子**になります。

大きな嘘をつかないまでも、小さなことをごまかしたり、言葉を濁したりする人は周囲から信用されにくい。これは本人にとっても、組織にとっても大きなマイナスです。

私が人を見極める際に「素直さ」を重視しているもう一つの理由は、それが成長のエンジンになるからです。

マイナスの指摘を素直に受け止め、プラスの評価も素直に喜ぶ。そういう人は一緒に仕事をしていて気持ちがいいので、周囲もどんどん教えてくれるし、いざという時に助けてくれる。周囲からのアドバイスを素直に聞き、素直に試してみるからいろんなことをどんどん覚えられるのです。

何でも「ハイ、ハイ」と考えなしに従うのが素直さではありません。疑問をもった時は、素直に聞いてみる。その上で、自分なりに考えて動くことが大切です。

素直さと考働力がある人は組織の財産。どんな環境でもきっと伸びます。

チーム力のベースとなる「感謝」の気持ち

成長のエンジンとなる素直さやチームワーク適性を見極める上で、もう一つ私が大事にしているのは「感謝」の気持ちです。

例えば仲間が手伝ってくれた時、先輩がアドバイスしてくれた時、上司が動いてくれた時に「ありがとうございます」「助かりました」「よくわかりました」と、感謝の気持ちをごく当たり前に伝えることができるかどうか。

「これくらいやってよ」「してもらって当然」という気持ちでいると誰も助けてくれなくなります。「やってくれない」「どうして私だけが……」と愚痴る人に成長は望めません。

メンバー一人ひとりが感謝の気持ちをもち、それを普段から声に出して伝え合っていれば気持ちよく仕事ができます。物事のプラス面に目を向けて感謝できるということは、本人の成長にも、**チームのアウトプットを最大化する**上でも非常に重要なことです。**日々のちょっとしたことにも、ちゃんと感謝できる**——。そのベースとなるのは、やはり親への感謝だと思います。

今の自分があるのは誰のおかげか、自分の根っこがちゃんと見えているか。そこを確認するために、面談・面接では「親孝行していますか?」という質問をよくします。

「尊敬する人は?」と聞くと、世界的なビジネスリーダーやスポーツ選手の名前を挙げる人もいますが、どんなに立派な人物だったとしても、その人に関する本をたくさん読んでいたとしても、それはあくまでもイメージの中の存在。もっと**身近なところに尊敬の対象を見いだし、感謝しているか**。その気持ちを日頃からちゃんと伝えているか——。それが

「親孝行していますか?」という質問の意図です。

身近なところに尊敬の対象があるということは、身近なところで人を認められるということです。そして、自分よりすごいところを見つけて目標にできる——そういう目線をもっているという証しです。

逆に有名人でないと尊敬できないというのは、身近な人を「たいしたことないな」と軽んじたり、正しく尊重できない可能性もある。これは仕事のチームワークに大きな障害となります。

愛するパートナーやたくさんの仲間にめぐり合えたのも、仕事ができるのも、両親がいて、自分を産み育ててくれたから。「仕事が忙しいから、そのうち時間ができたら……」ではなく、例えば初任給やボーナスでちょっとしたプレゼントを買って、日帰りでもいいから里帰りをする。「たくさん稼げるようになったら楽をさせたい」ではなく、今できることをする。もちろん、日々支えてくれているパートナーに対する感謝も同様です。

こうした家族への感謝は、会社としてもサポートしていくべきだと私は考えています。例えば、社員のパートナーの誕生日にメッセージを添えて会社から花束を贈るとか、定期的にささやかなパーティを催し、パートナーやご両親をお招きするとか。
社員が仕事に全力投球できる環境を作る上で、家族のサポートやコミットメントは欠かせません。家族にも会社のサポーターになってもらい、「一生働く価値のある会社」だと認めてもらえる会社にしていくことは、経営者の大事な仕事の一つだと思います。

何かを成し遂げる心の幹の強さも、成長のエンジンとなる素直さも、ベースにあるのは感謝の気持ちです。毎朝、元気に挨拶して出勤する。どんなに小さなことでも、何かをしてもらったら「ありがとう」の一言を笑顔で渡す。たったこれだけでもずいぶん違います。誰にでも毎日、簡単にできることですが、やっている人は意外と少ないので、こんなことでも大きな差がつきます。ぜひ、今日からやってみてください。

結果を作りにいく姿勢で見分ける「3タイプ」

感謝の気持ち、素直さ、学習意欲やモチベーションの自己調整能力。こうした資質に加えて、実際の仕事場面では「結果を作りにいく姿勢」を見ています。これは面談や面接で話を聞いているだけではわからない部分です。

大きく分けると3タイプあります。まず、結果を作るために正しく動けるタイプ。次に、口ばかりで動かないタイプ。3つ目は、汗をかくことは厭わないけれど、方法が合理的でないタイプ。

汗かきタイプは、一所懸命やってはいるんだけれど、なかなか成果が上がらない。だから途中で疲れてしまったり、飽きて遊び始めたり。組織における分布を見ると、実はこのタイプが一番多くて、だいたい全体の6割を占めています。

口だけの批評家タイプは2割。正しく動けるタイプも2割くらい。この割合は、どんな組織でもだいたい同じです。(※)

※この分布率は、ビジネスのポテンシャルとセンスを診断する「ESP」が長年の実績をベースに分析したもの。大手上場企業をはじめ、累計受診件数は55万件にのぼる。

3つのタイプは、**高い目標を与えた時、それにどう応えるか**ではっきり差が出ます。正しく動ける人は具体的な方法論やアドバイスなど、ポジティブなリーディングで不安材料を解消してあれば、すぐに動き出します。動きながらトライ&エラーを繰り返し、自分で力をつけていくことができるタイプです。

「前例がない」「データがない」「時間がない」と、できない理由を並べるのは批評家タイプ。「そんなことやって一体どういう意味があるんですか」と、そもそも論で抵抗するのもこのタイプの特徴です。

汗かきタイプが気にするのは、自分にかかる負担。やる気はあるけれど成功をイメージできないので、自分だけが汗をかかなきゃいけない気がして「メンバーが足りない」「他にリソースはないんですか」ということを盛んに主張する。でも、そこを担保し、道すじをつけてあげればエンジンがかかります。

どんなにハードルの高い仕事を与えられても即座に「やります！」と言える人、それを達成する方法やリソースを自分で見つけてくれる人が理想ですが、これはごく少数派。そこを基準にするのではなく、**それぞれに合った動かし方を考えるのがリーダーの仕事**です。

仕事の「納期」と「精度」に対する感度を見る

結果を作りにいく姿勢の違いは、日々の仕事ぶりにも表れます。例えば「来週の月曜日までに企画書を出して」と頼んだ時。正しく動ける人は、納期までに、求められたものをきっちり作ってきます。万が一遅れたり、必要なデータが揃わない場合は早めに報告して、仕事に支障が出ないよう手を打てる人です。

期日までに仕上げられなかったり、資料や書式が整っていないものを「頑張りました！」と提出するのは汗かきタイプです。批評家タイプの人は、自分が批評・批判されるのも嫌なので納期は守ります。内容的にも、最高点とは言えないまでも及第点はしっかり取れる。でも、「じゃあ、この企画、キミが中心になって進めて」と言うと尻込みしたり、「実際にやるとなるといろいろ障害もあるので、じっくり検討していただかないと……」となったりします。

3タイプを見極める一つの方法として、例えば新卒採用では、グループ面接の前に会場のセッティングを手伝ってもらったりします。手際よく正しく動ける人、口だけの人、やみくもに動く人。どう動くかで、だいたいわかります。本人たちは「なんて段取りの悪い会社なんだろう」とは思っても、そこを見られていることに気づいていない。そういう無意識の行動パターンにタイプの違いは表れるものです。

もちろん、面談・面接中の会話でわかる部分もあります。例えば、将来の目標を聞いた時、「先のことはわかりませんが、とにかく一所懸命やります！」と答えるのは汗かきタイプ。批評家タイプは「時代も動いていますし、あまり先のことは……」と言葉を濁したり、「池本さんの目標は?」「どうしてそんな先のことを聞くんですか?」と逆に質問してきたりします。新しいプロジェクトを立ち上げる時、あるいは組織を変革しようとする時に、真っ先に批判的になるのはこのタイプです。

将来のことをきちんと考えている人は、外部環境の変化や新たなチャレンジを自分の将来設計にどう活かせるか、とプラス思考でとらえています。だからこそ正しく動ける。組織変革の担い手になってくれるのは、こういう人たちです。

この例でもわかるように、批評家タイプはどちらかというと過去志向。面談・面接でも「前の部長はこうしていました」「以前の会社ではこうでした」と、前例やこれまでの慣習を持ち出すことが多い。

正しく動けるタイプは、現在と将来にきちんと目が向いています。こういう人は、リーダーや会社が目指すべき方向性やビジョンをしっかり提示できれば、そのポテンシャルを発揮してくれます。

汗かきタイプは、あまり過去にはこだわらないけれど、だからといって将来を見据えて動いているわけでもない。楽天的で呑気なところもありますが、新しいものが好きなので、うまくハマると真っ先に走り出してくれるのはこのタイプ。「楽しそう」「面白そう」と思えればモチベーションが上がるタイプです。

皆さんも職場の人を思い浮かべながら考えてみてください。だいたいどれかに当てはまるのではないでしょうか。

この3タイプは、あくまでも仕事への取り組み姿勢、結果を作りにいく姿勢の違いです。人としての魅力や学力を測るものではありません。

ただし、どんな仕事にも結果が求められます。ただ頑張るだけでも、理屈を並べるだけでも困る。メンバー一人ひとりが伸びなければ、チームの成長もありません。タイプを見極めた上で、それぞれの個性や資質を伸ばす手腕がリーダーには求められます。

上司を見極める術

3タイプ分析は、上司を見極める上でも役に立ちます。正しいビジョンを示してチームを引っ張ってくれる人なのか、ビジョンや夢を語れない人なのか、あるいは夢ばかり語っている人なのか――。自分の上司がどのタイプかは、新規事業を提案した時の反応を見ればだいたいわかります。

提案の中身について、ちゃんと話ができる、話を聞いてくれるのは正しく動けるタイプ。

足りない部分を指摘してくれたり、着眼の良さをきちんと認めてくれたり。

「ダメだ、ダメだ。まだ経験も浅いのに何を言ってるんだ」「そんなプロジェクトは前例がないから無理に決まっている」と決めつけるのは批評家タイプ。彼らが一番恐れているのは、他部署や上層部から自分が批判を受けることです。提案の中身がどうであれ、批判を受けない最善の方法は、その提案を握り潰すこと。だから役員会に諮る前に「まだ若い」「前例がない」と、自分のところでストップをかけてしまいます。


斬新で面白い提案なら、汗かきタイプは二つ返事で「よし、やろう！」と言ってくれます。ただ、その先の調整をしてくれない。「俺が上に話をつけてくるから待ってろ」と言われたきり、いつまで経っても企画が日の目を見ない――ということになりがちです。

汗かきタイプの上司の言う通りにしているだけでは、チームとして成果を上げることも、正しい方法論を学ぶこともできません。上司が批評家タイプだと、新しいことにチャレンジするチャンスもなかなかめぐってこないでしょう。

上司を選ぶことはできませんが、タイプを見極め、タイプ別の「動かし方」を知っていれば、無用な軋轢を生まずに仕事を前に進めることができるはずです。

皆さんも仕事を通じて日々様々な人と出会い、お付き合いしていると思います。仕事で組む相手を見極める時も、基本は同じです。

単に気が合うとか、話が合うかどうかだけでなく、相手のタイプ、仕事への取り組み姿勢、正直さ、仕事を通じてどんな夢を実現しようとしているのかを見極めることが大事。お互いのビジョンや姿勢に、お互いがどこまで共感できるか——。そこが信頼関係のベースであり、成果を上げられるかどうかの鍵を握っています。

人を見極めるとは「可能性」を広げること

どんなに能力のある人でも、一人でできることは限られています。周囲の人の力を最大限に活かしてこそ、自分の能力も組織のアウトプットも最大化できる。会社の中で上のステージを目指している人にも、独立・起業して自分で商売をやっていきたい人にも、「人を見極める」力は不可欠です。

リーダーとしてメンバーを見極める際も、また、リーダー自身にとっても一番大切なのは、やはり感謝の気持ちだと思います。感謝の気持ちがなければ運も、縁も、人も引き寄せられない。生かされていることに感謝し、感謝の気持ちをもって人と接しながら、今、自分にできることに全力投球することが大切です。

感謝する習慣を身につけた人は強い――。私はそれを保険会社時代の先輩に教えてもらいました。トップセールスだった彼には仕事のノウハウもたくさん教えてもらいましたが、一番勉強になったのは、彼が始めた〝よかった教〟です。

怪しげな新興宗教ではありません。何があっても「よかった」と思う。**つねに物事のよかった部分に目を向け、感謝する習慣をつける。**それが〝よかった教〟。小さなことですが、そのメンタル効果は絶大です。

何があってもヘコまない。物事のプラス面をとらえ、ポジティブなところから次の一歩を踏み出せる。事故に遭った時もそうでした。

大型トラックにぶつけられて、買ったばかりの車を大破させた時、事故直後の車の中で私は本当に「よかった」と思いました。生きていてよかった。誰もケガをしなくてよかった。子供を乗せていなくてよかった――。そして「よかった教の習慣が身についていて、本当によかった！」と思いました。

ココシス「感謝の朝礼」に学ぶ組織の強さ

感謝の習慣に関して、私が今一番参考にしているのは福岡にあるココシスという企業の取り組みです。(http://www.cocosys.co.jp/)

経営コンサルティングや人材開発を行っている会社で、従業員数30名弱。小さな会社ですが、毎日欠かさず全員で「感謝の朝礼」を行っています。前日の朝礼が終わってから今日の朝礼までに感謝したことを、一人ずつ話す。全員が話すので長い日は1時間半くらいかかります。普通なら「そんなに時間をかけると仕事が滞ってしまう」と考えるところですが、ココシスの岡部隆司会長は「長年やっていますが、結果的には毎朝やったほうが、業績がいい」と言います。

確かに、感謝の言葉を聞いたり、口にするのは気持ちのいいものです。プラスのメッセージを共有することで1日の仕事を気持ちよくスタートできるのです。

発表の場が与えられることで、自然と物事の良い面に目を向け、感謝するようになるという効果もあるでしょう。毎日続けることでそれが習慣化され、本人にとっても、チーム全体にとっても大きなプラス効果を生み出しているようです。

さらに、同社のコールセンター部門には社員が自分たちで作った「クレド」(ラテン語で約束、志、信条という意味の言葉）があり、朝礼でもこれを全員で唱和しています。事業理念、自分たちが目指す姿、そして、行動の原則を自分たちの言葉で毎日確認し、共有している――。こうした取り組みは私もぜひ取り入れ、その成果やノウハウをセミナーなどで多くの方にお伝えしたいと思っています。

私も何度か朝礼を見学させていただきましたが、ココシスは「見学大歓迎」。毎回、誰かしら見学に来ています。

朝礼だけではありません。同社は社内会議も公開しています。これも普通なら「大事な戦略会議を他社の人に聞かせるなんて……」と思うところですが、岡部会長曰く「見学したいという方は、自分たちに何らかの興味をもってくださった方。恥ずかしいことや秘密にするようなことは何もないし、むしろ売上げを伸ばすための会議に加わっていただいているようなもの」。自分たちに興味をもって、わざわざ足を運んでくださっていることに感謝しましょう、というわけです。

中にはノウハウを盗もうと思って来ている人もいるかもしれませんが、**一番大事なものは目や耳では盗めない**ものです。感謝の気持ち、クレドを大事にする社員の心。組織の成長を支えているのは、こうした無形の財産です。

たとえノウハウを盗まれたとしても、それをピンチと考える必要はありません。ライバルが出現したということは、むしろ自分たちが成長するチャンスが到来したということです。ライバルという壁を越えることで、さらに強くなれる。**ライバルの出現は、大いに感謝すべき**ことです。

これは組織レベルでも、個人レベルでも同じです。コミッションセールス（完全歩合制）の営業部隊も、優れたノウハウは互いに教えあって共有したほうがチームとしての売上げも伸びるし、ライバルが増えれば増えるほど、より高いレベルの競争ができる。

自分が教えたノウハウをライバルが素直に実践して、その人の成績が上がったとしたら、それは自分のやり方が正しかったという証明にもなります。ライバルにも感謝されるし、たとえライバルに追い抜かれたとしても、抜き返すために新たなチャレンジができるのです。

まさに、**感謝するということは「自分を強くする」こと**だと思います。

見極めの確かさが組織の伸びしろを決める

「見極める」という言葉には絞り込む、選別するというイメージもありますが、本質はその逆です。**可能性を広げるために、メンバーのポテンシャルを見極める。**メンバーのポテンシャルをどれだけ広く、深く見極められたかで、どんなチームを構成できるかの選択肢も広がります。

見極めるために一人ひとりと直接コミュニケーションを図り、同時に自分の考えをしっかり伝えることで、組織が目指す方向性やビジョンへの共感を引き出す――。これもリーダーの大事な仕事の一つです。共感してくれる人をどれだけ集められるか、どんな人が集まったかで組織の伸びしろは決まります。

人を見極める力があれば、自分が周囲からどう見られているかもわかります。今の自分を上司はどう見ているのか、チームメンバーの目にはどう映っているのか――。**人を見極めるということは、自分を知るということ。**職位階層に関係なく、自分を正しくポジショニングする力は仕事をしていく上で不可欠です。

ベストなチームを作るための見極めができたら、次は、そこに集まった人をどう動かすか。**「見極める」と「動かす」は2つでワンセット**です。

この2つの力があれば、どんな組織に行ってもプロフェッショナル・リーダーとして数字を作っていくことができます。また、年齢やキャリアに関係なく、新入社員であってもチームを動かし、実質的なリーダーとして力をつけていくことができるはずです。

指示するのではなく、動かす――そこに必要なノウハウと基本の法則を、次章でご紹介していきたいと思います。

こんな本もお薦めします…………………… ❶

最強組織の法則
—新時代のチームワークとは何か
ピーター・M・センゲ著
守部 信之ほか訳（徳間書店・1995年）

保険会社で営業をしていた30代の頃、私に研修をしてくれた当時の上司に薦められて読んだ本です。ということは、もう10年以上前ってことですね。

拙著『年商3億円を120億円に変える仕事術』（大和書房）に、仕事の進め方をシステムで考える、という話があるのですが、私のいうシステムはコンピュータのシステムではなく「仕組み」あるいは「設計」という意味のシステムで、その考え方の根本はこの本から学んだものなのです。

より最適な仕組みにつねに進化する組織をどう創るか。チームとして学びながら、チームを支える個人の成長も同時に実現していくための環境とは何か。

この本と出合ってからずっと追い続けているテーマです。

組織は個人の学習を通してのみ学ぶ。学習する個人がいるからといって、必ずしも組織も学習するとは保証できないが、学習する個人がいなければ、学習する組織などありえない。（165頁より）

どんな商品、サービスを扱ったとしても「学ぶ組織」を実現したい。それには組織の規模や売上げ、利益がどうであるかは問題ではありません。どうしたら、チームが最適な状態に変化を続けられるのか。個人と組織のいい関係を構築することが、プロフェッショナル・リーダーの最も大切な仕事かもしれません。

2章

「人」を動かす法則

シンプルな「一言」で組織を束ねる

組織にはいろんな人がいます。仕事に対する考え方も、感性も、取り組み姿勢も様々。それを何とかして動かしていくのがリーダーの仕事です。

私が参考にしたのは、より多様な人材を束ねるグローバル企業のマネジメント手法です。言語も、国籍も、文化的バックグラウンドも異なるスタッフを大勢抱え、しかも高品質で均一なサービスを提供している多国籍企業の取り組みには「人を動かす」ヒントがたくさんあります。

中でも一番参考になったのはディズニーランドです。10年ほど前、創業当時のディズニーランドで役員を務めていた方の講演録を拝見したのですが、まさにヒントの宝庫でした。特に大きなヒントとなったのは、その中に出てくる閉園後の掃除の話です。

人によってキレイの基準は様々。几帳面な人もいれば、大雑把な人もいる。でも、パークとしては、日によって、あるいは場所によってキレイさにバラつきがあっては困ります。

毎日、同じレベルで隅々までキレイな環境――これは、お客さまに提供する大事なサービスの一つです。

おそろしく分厚いマニュアルがあるのだろう、と私は想像しました。掃除の仕方や基準に細かい決め事がたくさんあって、アルバイトのスタッフもそれを猛勉強して、厳しいテストに合格しないと現場には出られない、とか。

ところが、実際のルールは極めてシンプル。翌朝一番に来園された赤ちゃんが、園内のどこを這い這いしてもいい状態にしてください、と。何か落ちていれば、拾って口に入れてしまうかもしれない。目についたものを舐めてしまうかもしれない。それでも大丈夫な状態――それがキレイの基準。しかも、それを言葉ではなく、絵で説明しているのです。これなら英語が話せない人でも一目でわかります。

人を動かすには、まず**「どう動いてほしいか」をクリアにする**必要があります。どんな人にでも、新しい人が入ってきても、全員が「ああ、こっちに動けばいいんだ」とパッとわかることが大事。

細かい決め事を作るよりも、誰にでもわかるシンプルなフレーズで伝えたほうが動きや

すいに違いない――。ディズニーランドの取り組みをヒントに、私も「どう動いてほしいか」をメッセージするキーフレーズを作りました。

それが、**「それはお客さまのためになっていますか？」**――です。

初めてCEOを務めた通販化粧品会社でも、2007年まで役員を務めていたネット通販会社でも、そしてこれから先も、私がメンバーに伝えたいメッセージは同じです。どんな会社で、どんな仕事を担当していても、判断に迷ったらここに戻ってくればいい。どう動けばいいかは、すべてこれで判断すればいい――。短い言葉ですが、メンバー一人ひとりが、それぞれの持ち場で正しく動くために必要なものは、すべてここにあります。

社長と同じように動ける「判断基準」を渡す

人を動かし、組織を動かすたった一つのキーフレーズに「それはお客さまのためになっていますか？」を選んだのには、理由があります。

人が動きにくいのは、判断に迷う時です。自分では判断できない、動けないので上司に委ねる。でも、その上司も「困ったなぁ、ちょっと上に聞いてくるよ」となれば、さらに判断が遅くなる。最後には「仕方ない、社長に聞いてくるか――」。事が起きてから社長が判断するまで、その組織は動いていないのと同じです。

人を動かし、組織を動かすとは、つまり「早い段階で正しい判断を下せるようにする」ということ。そのためのキーフレーズが「それはお客さまのためになっていますか?」なのです。

例えば、お客さまからクレームの電話をいただいたとします。「今すぐ替わりの商品を届けてほしい」と言われたけれど、マニュアル上は「YES」と言えない。でも、お客さまの事情をよくよくうかがうと、これは届けたほうがいい、届けてあげたい――。

そう思うのは、実は電話を受けた担当者も、社長も同じなんです。そういうケースでは、たいてい最後には誰かが届けているはずです。

お詫びの菓子折りを添えて、大至急、誰かがお届けしたほうがいいという判断は、電話を受けた人もできている。でも、いろんな不安材料があるから行動に移せない。行動が伴わなければ「判断した」とは言えません。

マニュアルを破ったら上司に怒られるかもしれない。届けに行く交通費や菓子折りの経費は出してもらえるのか――。

必要なのは、こういう**迷いを断ち切ってあげるための「判断基準」**です。それをマニュアルよりも上位概念の決め事として、シンプルなフレーズで一つだけ置いておけばいい。それが前述のキーフレーズです。

「お客さまのためになっている」と判断したら、即、行動していい。すぐに動けるよう、経費の上限も決めました。

国内の交通費は無制限。基本、日帰り。お詫びの菓子折りは1万円までOK。その額は状況に応じて、個々の裁量で決めていい。3000円と思えば3000円、1万円の菓子折りが必要と思えば1万円でOK。この辺の判断は、誰がやってもそんなにブレないものですし、ブレたところでたいした問題ではありません。3000円か1万円かで迷ったり、上司に相談したりして対応が遅れるほうが問題です。

判断基準を作るだけでなく、**運用例をきちんと共有する**ことも大切です。キーフレーズに照らして正しく行動を起こしたメンバーの事例は全員に伝え、全員の前で評価する。判断した本人も、最初は不安があったはずです。でも「やってよかった！」と思えれば自信がつく。他のメンバーも「なるほど、こうすればいいんだ」とわかります。

逆に判断を誤った場合は、その事例をマネジャークラスが共有しておけばいい。もちろん、本人にも「次はこうしたほうがいいね」とフィードバックはしますが、それを全員で共有する必要はありません。それはメンバーの行動を抑制する原因になるからです。

間違いが起きそうになった時に、マネジャーが「こうしたほうがいいんじゃない？」とアドバイスできれば、それでOK。そうやってプラスの運用例を増やしていったほうが、判断力の底上げには、はるかに効果的です。


こういうルールと仕組みができていると、現場の人たちも動きやすいし、実はマネジメントする側にとっても大きなメリットがあります。

最大のメリットは、大事なお客さまを失うリスクを減らせるということです。判断に時間がかかればかかるほど、お客さまの怒りも、問題も大きくなります。そうなると、菓子折りをもって謝りにいく人の職位も上がる。何人ものスタッフの時間を使った挙句、社長が足を運んだとしても、お客さまにご納得いただけるとは限りません。これでは会社にとっても、お客さまにとってもマイナスです。

さらに、現場で判断ができるようになれば「どうしましょう?」という相談が減り、通常業務のタイムロスも大幅に減ります。

時間だけではありません。**判断を上へ上へと委ねるということは、目に見えない人件費を浪費しているということ**でもあります。そこに関わる多くの人の「時給×費やした時間」の総額、その間にできたであろう仕事の機会損失を「替わりの商品+菓子折りの1万円+交通費」と比べてみれば一目瞭然。判断が早いほどコストの無駄を防げるということです。

古いタイプのリーダーの中には「何を言ってるんだ、それは俺が決める」「俺が法律だ」という人もいますが、それではメンバーが動きにくいし、実はリーダー自身にとってもマイナスです。

もちろん、マネジメントが判断しなければならない問題もありますが、誰にでも判断できることは、どんどん現場に任せる。**ルールや枠組みをしっかり作って、プラスの運用例を増やす。**——これがマネジメントの仕事だと思います。

キーフレーズは全員で作る

判断の基準、行動の原則となる一言はトップダウンで決めてはいけません。メンバーに動いてもらうためのキーフレーズですから、メンバーが「動きたい」と思えるものでなければなりません。そのためには、前章でご紹介したココシス（49ページ）のように、やはり全員で作ることが大切です。

「どんな会社にしたい？」
「お客さまと自分たちの関係はどんな関係にしたい？」

そう投げかけると、いろいろ出てきます。とにかくたくさん出してもらって、そこから煮詰めていく。どれか一つを選ぶのではなく、すべての声を反映した〝一言〟を全員で考えます。

そうやって作り上げたキーフレーズには、たとえ自分が提案した言葉そのものは採用されていなくても、伝えたかったメッセージのエッセンスがどこかに染み込んでいるものです。**みんなの意見が凝縮されたフレーズ**だと、全員が思える一言にすることが大切です。「お客さまのため」なのか「ユーザーのため」なのか、あるいは「顧客のため」としたほうがいいのか――。判断に迷う場面もあるでしょう。みんなで煮詰めて、それでも判断に迷うようなら、その時だけトップに任せてもらう。そこは多数決ではなく、リーダーが決めるべきだと思います。

そのためにも、**キーフレーズを作る時は、必ず社長がその場にいること。アイデア出しから最終決定までの時間とプロセスをしっかり共有する**ことが大切です。

一番のベースとなる基本理念は一つに絞るとしても、例えば自分たちが目指したい姿や普段の行動原則はたくさんあっていいと思います。たくさん作って、実際にやってみながら「ちょっと違うかな」「どうもフィットしない」と思えばリニューアルすればいいし、「これも必要」と思うものが出てきたら、どんどんプラスしていけばいい。

一度作ったらそれで終わりではなく、みんなで考えながら更新していく。それくらいみんなが大事にしたいと思えるクレドであることが大切だと思います。

100%コミットして、目標に責任をもたせる

クレドを作りたい――でも、メンバーが動いてくれない、関心を示さないという場合は自分で作る手もあります。これは一種の目標設定です。

目標設定というと、今期の売上げ目標とか、仕事に必要な資格やスキルの習得といった話になりがちですが、日々の仕事における自分なりの行動指針をきちんと作っておくことも大切です。

私も営業をやっていた頃、**数字面と行動面の2軸で自分の目標を設定**していました。例えば、数字面では「半年で1億円売り上げる」という目標を立てる。半年は約25週。半年で1億円作るには週400万円は稼ぐ必要があります。

ゴールデンウィークや夏休み、冬休みなどを差し引くと、稼働日は実質20週ですから、そうなると週500万円、1日100万円。そのためには1日何人に会って、そのうち何人と成約できないと目標を達成できない――と、目標をブレイクダウンしていく。そこか

ら「じゃあ、人の紹介に頼っていては会える数に限りがあるから、電話帳から自分でリストを作ってアポイントを取ろう」と、具体的な方策を考えます。

もう一方の行動面では、行動の習慣を作るために、締め切りや行動パターンといった決め事を作っておきます。「半年で1億」の目標は必ず達成するけれど、土日は絶対に働かないとか、夜7時以降は絶対に残業しないとか。その代わり朝は8時前に出社して、午前中に徹底してアポ取りをする。あるいは、1億の目標を達成するには様々な業界の企業にアポを取らなきゃいけないから、「業界紙は必ず隅から隅まで読もう」とか。ここの〝決め〟が弱いと、数字面の目標を立てても達成できません。

何をどう決めるかは自由。極端なことを言えば「今期は数字のことは考えない」でもOK。その代わり、会計の勉強をするとか、営業に役立つ人脈作りや話題作りをするとか、しっかり充電する——という選択肢もあると思います。

ただし、この場合は**長期的な目標と達成計画**が必要です。例えば「3年で社内ナンバーワン・セールスになる」ために、最初の半年は寝る間を惜しんで勉強する。その代わり、数字面の目標はノルマの7割。でも、次の半年は100%、その次で150%を達成して最初の未達成を挽回する——と。こうしたロードマップがないまま「今期は充電期間」と主張しても、それはただの怠慢。会社での存在価値がなくなってしまいます。

メンバー一人ひとりが自分で2軸の目標を設定し、強い意志をもってそれを達成してくれれば、リーダーとしてはこんなに楽なことはありません。そういう人材がなかなか育たない原因の一つは、**部下の目標設定に対する上司のコミットメント**の弱さにあります。

上司自身が数字に追われていると、部下がノルマを7割達成しても「意地でも100％にしろ」と罵倒したり、100％達成しても「そこを超えないと成長がないんだよ」と言って、さらに尻を叩く。その気持ちもわかりますが、もう少し長期的なスパンでメンバーの成長を考え、理解し、長短両方の視点でバランスを取ってあげることが大切です。

目標管理の面談でも、「なぜ今期は7割しか達成できなかったのか」「来期はどうするのか」という話ばかりでなく、メンバーが長い目で自分の将来を考えられるような話をすることが大事だと思います。本人が2、3年後の自分の姿をイメージできるような会話をして、そこから〝今〟を位置づけてあげる。リーダー自身に逆算力がなければ、こうしたマネジメントはできません。

たとえ部下が7割しか達成できなかったとしても、残りの3割をカバーしてあげられるくらいのリーダーであってほしいと思います。

「今期は俺がカバーするから、お前は心おきなく勉強しろ。ただし、その資格は絶対に取れよ。取って、来年の今期は俺の分まで働いて、3年後にはナンバーワン・セールスになれ」

と、背中を押してあげてほしい。**部下の目標設定と成長に上司が100%コミットし、かつ、本人には目標に対する100%の責任をもたせる。**それくらいでないと、部下は動きません。

メンバーを巻き込む夢を語れるか

メンバーに目標や夢をもって仕事に臨んでもらうには、リーダー自身が夢を語り、それを実現するために日々行動している姿を示すことが大切です。

リーダーの仕事とは、自分の夢に人を巻き込むことだと私は考えています。自分はどういうチーム作りをしたいのか、このチームをどういう方向にもっていきたいのか。それによって世の中にどんなインパクトを与え、組織にどれくらいの貢献ができ、かつメンバーがどう成長できるのか。一方的に語るのではなく、メンバーに「OK、乗った!」「それ、面白いから一緒にやりましょうよ」と言ってもらえるようなビジョンを語れることが、リーダーの条件の一つです。

そのためには、やはり自分自身に熱く語れるものがなければいけない。自分はどうなりたいのか、そのために今、何をしているのか。逆算の思考と目標達成の強い意志を示せなければ、どんなに魅力的なチーム・ビジョンを語っても説得力がないし、メンバーを動かすことはできません。

もちろん、自分が本当に目指したいと思える夢であることも大切ですが、リーダーの夢はメンバーと共有できる夢であること、共感してもらえる夢であることが大切です。抽象的な言葉で壮大な夢を語っても、メンバーに共感してもらえなければ、それは一人サイズの小さな夢でしかありません。何人が「乗った!」と言ってくれたか——**共感度の高さ、強さが夢の大きさを測るモノサシ**です。

自分の口で直接伝える、**ことあるごとに繰り返し伝える。**その時間や手間を惜しまないことも大切です。

人間は、忘れやすい動物です。日々の雑事に追われてリーダー本人が夢を忘れてしまうかもしれないし、リーダーが忘れていればメンバーだって覚えてはいません。チームのみんなが本当に共感できる夢ならば、リーダーが夢を語るたびにメンバーのモチベーションが上がり、共通の目標に向かって一緒に前進しているという空気が生まれる。そういう空気を醸成できれば、リーダーがこまごまと指示をしなくても、船は正しい方向に進んでいきます。

リーダーとしての夢を聞いてもらうには、メンバーの夢や考えにも耳を傾ける必要があります。メンバーに夢や考えを話してもらうには、まずリーダーが自分をさらけだし、かっこ悪い部分も隠さず話すこと。自分にできないことや、できていないことも正直に話して、地で付き合うことが大切だと思います。

そうやって部下からも洗いざらい、何でも言ってもらえるような信頼関係を築けなければチームは機能しません。夢に共感してもらうどころか、何か問題が起きてもリーダーの耳に入らない。報告がなければ、問題が起きていても解決できません。

メンバーの信頼を勝ち取る鍵は、**率直なコミュニケーションと率先垂範の姿勢**。これは人を動かす最大の鍵でもあります。

面と向かって話す時間を惜しむな

＊自分の弱い部分も包み隠さず話すこと。
＊相手の話をよく聞くこと。
＊職位階層に関係なく、すべてのメンバーと対等の目線で話をすること。

この3つは私もつねに心がけています。そのためにメンバーとの〝面と向かって〟のコミュニケーションに時間を惜しまない――これは、私がプロフェッショナル・リーダーとして自分に課している鉄則の一つです。

声のトーンや強弱、ちょっとした表情、しぐさ。面と向かってコミュニケーションしなければわからないことはたくさんあります。

人間は感覚の生き物です。直感的なものも含め、感じる力はもともと誰にでも備わっていますが、使わないと本来感じられるべきものが感じられなくなってしまいます。

メールは有用かつ不可欠なツールですが、メールやチャットだけで世の中すべてが済むわけではありません。夢やビジョンをメールで一斉送信しても、思いのすべては伝えられないし、誰がどう受け止めたかを確かめることもできない。

メンバーを自分の夢に巻き込めないということは、つまりリーダーシップを発揮できないということ。マネジメントのノウハウは何歳からでも学べますが、**五感を駆使したコミュニケーション力は若いうちから鍛えておく**ことが大切です。

面と向かってのコミュニケーションは、単にメンバーと仲良くなることが目的ではありません。リーダーには、**人を動かすプロとしての覚悟とけじめも必要**です。

私はこれまで、会社の人はすべて「さん」付けで呼んできました。オーナーも役員も、社員もアルバイトさんも、よく知っている人もそうでない人も呼び方は一律です。

リーダーの中には飲みニュケーションやオフの付き合いを大事にしている人もいますが、私はメンバーのプライベートな時間や世界には入り込まない主義です。もちろん、声がかかれば顔は出しますが、無用な長居はしません。

これは、リーダーとして**公平性と個の尊重をまっとうする**ための、私なりの鉄則です。

プライベートな面も含めて面倒見のいい上司や、気さくに飲みに誘ってくれる上司にも良さはあります。でも、一線を越えてしまうと、それはメンバーにもチームにもマイナスの負荷をかけることになります。

一番よくないのは特定のメンバーと仲良くするパターン。こうなると、ゲームのルールが変わってしまいます。

特定のメンバーと仲良くして、その人が昇進したりすると、いくら本人に実力があっても、周囲には「ああ、あの上司が推したんだ」と見える。「あの上司に気に入られないと、このチームでは上にいけない」となると、仕事を頑張るのではなく、上司に好かれることに頑張るゲームになってしまいます。

リーダーになったら、**個人としての付き合いと「プロの仕事人」としてのコミュニケーションには、きちんと一線を引く**こと。プライベートな関係性を職場に持ち込んでもいけないし、プライベートな場面で会社の情報を話題にしてもいけない。そこに明確な区別、分別がないとリーダーとして信頼されません。

職位階層による目に見えない壁をなくすため、今後は「さん」付けをやめて愛称で呼ぶことも考えています。でも、その場合は「全員、愛称」で呼ぶつもりです。スタイルは変えたとしても、公平性と個の尊重は決してゆるがせにしてはいけないと思っています。

マイナスを正しく指摘するスキル

一線を越えてしまうことのもう一つの弊害は、正しく叱れなくなることです。メンバーにとって、チームにとってプラスになるかどうかではなく、自分の都合や不適切な温情に判断が左右されてしまうからです。

そもそも叱るとは、本人にとってマイナスになることを正してあげる行為です。「俺が困るじゃないか」は、単に怒っているだけ。これは自己防衛です。

人間、誰にでも好き嫌いはあります。相性もあります。でも、それを仕事に持ち込むのは、プロとして失格だと思います。

自分の勝手な都合で怒るだけの上司も困りますが、叱れない上司も困ります。メンバーの成長に必要なことは、チームのアウトプットを高めるためにも必要なこと。人としてのマナーや礼儀も含め、間違いは間違いとしてきちんと指摘する。マイナスの評価もきちんと伝えて、プラスに導く。これは人とチームを動かす上で欠かせないスキルの一つです。

マイナスを指摘する際のポイントは、大きく2つあります。まず、それを指摘することが本人のためになっているかを考えること。仕事を進める際の判断材料として、

「それはお客さまのためになっていますか？」

というキーフレーズを置きましたが、メンバーを叱る時も同じように

「それは本人のためになっているか？」

ということを自問すべきだと思います。本人の成長にプラスになる指摘か。自分の勝手な都合で怒っていないか。あるいは、言わないことが本当に本人のためになるのか。この言い方で正しく伝わるのか——。ここでの判断には、普段からのコミュニケーションと人を見極める力が効いてきます。

本人のためになっていない指摘は、怒られた人だけでなく、他のメンバーのモチベーションも下げてしまいます。「へたなことをして怒られないようにしよう……」という意識が働いて、メンバーの行動を抑制してしまう。怒られないことがゴールになってしまうと、人はどんどん動かなくなります。

もう一つのポイントは、**評価の基準をオープンにし、チームで共有しておく**こと。指摘された本人も、それを聞いている他のメンバーも納得のいくようなモノサシをもっておくことが大切です。

これはプラスの指摘についても同じ。「あの人はリーダーのお気に入りだから……」ではなく、「うちのリーダーは『失敗を恐れるな』が口癖。結果は失敗だったけど、あの人はチャレンジしたことを褒められたんだ」と、周囲が納得できることが重要です。

褒めるという行為は、頑張った人のモチベーションを上げるだけでなく、お手本にしたい**「ベスト・プラクティス」をチームで共有する**ためのものです。チーム全体のモチベーションアップにつながる褒め方をすることが大切です。

人を管理するのではなく、「仕組み」を管理する

仕事にミスはつきもの。誰だってミスはします。正しく叱ることも大切ですが、その指摘をきちんと受け止めてもらう、素直に聞いてもらうには、まずリーダーがミスの責任を引き受けることが重要です。

部下のミスは、すべて上司の責任です。うまくいったら本人の手柄、うまくいかなかった時はリーダーの責任。そうした後ろ盾がないと、思い切った勝負はできません。

現場の人が「これはチャンスかもしれない！」と思った時に思い切り突っ込めないと、大きな成果は得られません。無理をしなければ1000万円、でも賭けに出れば1億円のビジネスになるかもしれない——という**チャンスに対して、躊躇させない関係と仕組み**を作っておくことが大切です。

私は人の管理はしません。人の見極めと、フォローするための把握は必要ですが、管理はしない。**私が管理するのは〝仕組み〟だけです**。

世の中には、部下に何でも報告させ、何でも自分で管理したがる社長もいます。でも、それでは社長のキャパシティ以上の会社にはなれません。一人で管理できるビジネスはせいぜい数千万円、よくても数億円規模。自分の夢に大勢の優れた人材を巻き込んで組織を作っているからこそ、数千億円規模のビジネスを育てられるのです。

京セラの創業者である稲盛和夫さん然り、ホンダの本田宗一郎さん然り。優れた経営者と〝そこそこの社長〟の違いの一つはそこにあると思います。

メンバーの一挙手一投足を管理するのではなく、**チャンスをつかんだメンバーを後押し**

する仕組み、要所要所でフォローする仕組み、成果を正しく評価する仕組みをしっかり作ること。それがちゃんと機能するようメンテナンスし、**その仕組みにメンバーが安心して乗れるように信頼関係をメンテナンスする。**――それが経営者の仕事だと思います。

仕組みと信頼関係のメンテナンスがきちんとできていれば、人を管理しなくても、メンバー一人ひとりが自分で伸びてくれます。こまごまと管理されないからこそ、のびのび仕事ができ、チーム全体のアウトプットも伸びるのです。

仕組みがちゃんと機能していれば、ミスを未然に防ぐこともできるし、ミスをしてもリカバーできます。リカバーできなかったとしたら、それはリカバーできる仕組み作りをしてこなかったリーダーの責任。リーダーが作った仕組みに乗って行動し、**失敗したメンバーには責任がないどころか、むしろ感謝すべき**です。

たまたま今回はその人が失敗したけれど、他のメンバーだって同じ失敗をしたかもしれないし、もちろんリーダー自身も失敗を犯したかもしれない。「それを真っ先にやってくれて、ありがとう」と。

その失敗は、先頭を切ってシステムのバグを見つけてくれたようなものです。そのことに感謝し、改善して、また一歩完璧に近づくことができたと考えればいい。失敗した時に

「まずい」と思うのではなく、これを「プラスに活かそう」という方向にみんなの意識が向くようにすることが大切です。

そのためにも、ミスはすぐに報告してもらえなければ困ります。そもそもミスを恐れるような空気を作ってはいけません。

そのために必要なのが、責任を取る上司です。**どんなにいい仕組みを作っても、上司が責任を取らないようでは、誰もその仕組みを使ってくれない。**問題が起きた時、リーダーが「わかった。俺が責任を取る」と言えるかどうか。「後のことは全部やっておくから気にするな。それより次へ行け」と後押ししてくれるリーダーがいるかどうかが、チームの業績を大きく伸ばす鍵を握っています。

伸びる会社は、どんな失敗もすべて学びにつなげられる。これが、いわゆる「ラーニング・オーガニゼーション」です。どんな学びにつなげたいか、というところに個々のリーダーのビジョンや個性が出ます。

私が目指す学びと仕組みの根本になっているのは前述のキーフレーズ――「それはお客さまのためになっていますか？」です。そこに共感してくれる人たちと学びを広げていきたいと考えています。

そこは、メンバーにもしっかり見てほしい部分の一つ。組織を強くするには、メンバーの〝リーダーを見る眼〟は厳しいほうがいいと思っています。良し悪しの評価だけでなく、リーダーのビジョンに共感できるか、自分自身の目標や将来設計との合致を見る眼はもっていてほしいのです。

リーダーを見る眼、選ぶ眼は仕事人生の節目節目――例えば、社内の別部署でキャリアを積みたいと考えた時、転職したい時、あるいは相手に逆指名されてヘッドハントされた時に必要になってくるはずです。

人を巻き込む夢やビジョンを語れるか。その夢に向かって、逆算の思考で確かなロードマップを描けているか。メンバーの夢にもちゃんと耳を傾け、１００％コミットしてくれるか。そのために時間を惜しまずコミュニケーションする姿勢があるか――。

リーダーの〝結果を作りにいく姿勢〟をしっかり見極めることが大切です。

組織も個人も、プラスになることはどんどん吸収し、マイナスも学びにつなげることが大事。責任を取らない上司に当たった場合も、自分で責任を取って、責任の取り方を学ぶことはできます。責任を取るということは、その実りを取るということ。取るべき責任が大きければ大きいほど、得られる実りも大きいのです。

一番の実りは周囲の信認です。責任を取るべき立場・役職になかったとしても、人としての責任をしっかり果たせればサポーターが増えます。サポーターが増えれば仕事がやりやすくなるし、こうした信認は、実際に自分がリーダーになった時にすごく効いてきます。

責任を取らないだけでなく、責任をもって仕事をした部下を責めるような上司、そんなリーダーを重用している組織なら、さっさと見切ったほうがいいと思います。そんなリーダーがのさばっている会社はさっさと辞めて、ぜひ私のチームに参加してほしい。そういう体験をたくさんした人は大歓迎です。

こんな本もお薦めします ❷

まず、ルールを破れ
—すぐれたマネジャーはここが違う

マーカス バッキンガム , カート コフマン著
宮本 喜一訳（日本経済新聞社・2000 年）

かなり具体的にマネジャーとして、やるべきことが示されている本です。お薦めのコメントを書くにあたり、改めて読み返してみると新たな発見があったことは、私にとっても大きな気づきです。

特にこの本によって、知っているだけで、できていないことが多く、わかったつもりになっていることを反省しました。まだまだ、勉強が足りません。

たとえばいま自分が何人かのグループのマネジャーに昇格したとしよう。部下たちに才能があるのかどうかわからない。自分が部下を選んだわけではない。とはいえ今は、自分に任され、自分がパフォーマンスに責任を負う立場だ。マネジャーによっては部下をすぐ、「勝ち組」と「負け組」という二つのグループに分ける。「勝ち組」を残し、「負け組」を整理し、「自分で選んだ」人を採用してその穴を埋める。

最高のマネジャーはもっと巧妙だ。個人的によく話し合って、長所や弱点、目標、夢についてたずねる。部下一人ひとりの仕事に密着して、仕事でどんな判断をするのか、どんな対処の仕方をするのか、だれがだれを助けているのか、そしてその理由は何かを記録する。さまざまなものを観察する。時間をかける。一人ひとりの才能を見極める最も確実な方法は時間をかけてその仕事ぶりをよく観察する以外にはないと考えているからだ。（210頁より）

ドクターシーラボの社長になって、自分自身が本気でマネジメントをしなければどうにもならない時期で、同時に、マネジメントを浸透させ次の世代を育てるという局面にぶつかりました。

いろんな情報を取り入れ、実践にどう活かすかを考え抜いた中で、最も参考にした中の1冊が本書です。

3 章

「人」を育てる法則

リスクを取って経験させる

人を動かすとは、その人のもてる力を存分に発揮してもらうということ。しかし、それだけでは、いずれチームは行き詰まります。メンバーが成長しなければ、チームの成長もありません。

人を育てるには、ずばり「経験させる」こと。**上司が教えるのではなく、本人が経験の中から自分で学べるようにする**ことが重要です。

私は思い切ったチャレンジをさせることとセットで、その経験や学びを他の人に「教える場を渡す」ようにしています。そのために、若手メンバーに新規プロジェクトを任せたり、時には敢えて部下をもたせることもします。

確かに、これはリスクを伴います。リーダーとしては勇気のいる選択です。メンバーの試行錯誤をサポートしたり、プロジェクトの進捗をフォローする必要も出てきます。どんなにフォローしても失敗する可能性をゼロにはできません。

しかし、大きなチャレンジをさせずに自分の手元に置いておくほうが、チームにとっては、はるかにハイリスクです。サッカー日本代表監督を務める岡田武史氏も、以前お目にかかった時にこんなことをおっしゃっていました。

「**成長するのは本人。**その邪魔をしないのがコーチの役目」

成長の邪魔とは、つまり機会を与えないことです。

自分の知っていることをこまごまと教えて「育てているつもり」になっている上司はたくさんいます。でも、それでは上司以上の人材は育ちません。部下としても物足りない。こういう状態が一番メンバーの成長を邪魔していることになります。

おそらくこういうタイプの上司には、メンバーが自分を追い越していくことに対する心理的抵抗があるのでしょう。力のない上司ほど部下の成長を恐れ、ポテンシャルの高い部下ほど不満を募らせる。こうなると優れた人材はいずれチームを離れ、チームには力のない上司と、上司を追い越せないメンバーだけが残ることになります。

すべての面においてメンバーよりも優れていることがリーダーの条件ではありません。

リーダーの使命は、チームのアウトプットを最大化し、持続的成長を実現すること。そのために**優れたメンバーを育て、彼らが成長し続けられる仕組みをデザインする**ことこそがリーダーの仕事です。

チャレンジの**チャンスはメンバー全員に、フェアに渡す**ことが大切です。誰か一人だけが伸びてもチーム力を上げることはできません。チームとしての成長を阻害するのは実力差ではなく、モチベーションのバラつきです。

新しいことを学ぶチャンスは全員に渡すこと。もちろん、それに食いついて伸びていく人と、そうでない人がいます。それでも入り口はフェアでなければいけない。例えば社員が100人、教育予算が1000万円あったとして、投資額は一律10万円ずつではないにしても、ゼロの人を作ってはいけません。

誰か一人にいきなり500万円の投資をするのも考えものです。これは、その他大勢のメンバーのモチベーションを下げることになります。**最初は全員に小さな学びのきっかけをたくさん与え続ける**こと。吸収力のある人、育てがいのある人は、それを自分で消化して伸びていきます。その成長ぶりを見ながら、少しずつ大きなチャンス、よりハードルの高いチャレンジの機会を渡していけばいい。

小さなチャンスをものにできない人、そこから学ぼうとしない人には、そのサイズのチャレンジを与え続けるしかありません。**チャンスはフェアに与えるけれど、いつまでも平等にするわけではないのです。**フェア＝公平と、イコール＝平等の意味を間違ってはいけません。

本人の意欲や伸び具合によって、次のチャンスやチャレンジのサイズには差があってしかるべきです。そこに差がつかなければ、ポテンシャルの高いメンバーのモチベーションを下げることになり、これもチーム力を弱める原因となります。

3つの成長エンジンを活かす

どんなチャンスを与えても、いかにポテンシャルが高い人でも、本人のエンジンがかからなければ、それを成長につなげることはできません。

エンジンをかける**第一の鍵は、自分がやろうとしていることが「誰かのためになっている」という実感**です。お客さまのため、家族のため、チームや会社のため、あるいは社会のため——。喜んでもらいたいという気持ちや喜んでもらえたという手応えは、成長の大きな原動力になります。

もちろん「自分のため」であってもいいと思います。「世のため、人のため」という漠然とした思いより、「自分がより多く稼げるようになるため」と言い切れるくらいのほうがエンジンのかかりがいい人もいます。何のため、誰のためであっても、それがクリアであれば吸収も速いし、壁にぶつかった時の踏ん張りもききます。

第二の鍵は、実績です。何かが動き始めた実感、手応え。そういうものを感じとれると、ワンステージ上を目指したくなるものです。

チャレンジの渦中にいる本人には変化が見えていないこともあります。本人が気づかないほど小さな成長もしっかりとらえ、その**変化や進化を「見える化」する**のはリーダーの仕事です。

第三の鍵は、ロールモデルの存在。「頑張れば自分もあんなふうになれる」という、目に見える目標です。

メンバーが互いの学びを共有しつつ、チーム全体が進化していくのが組織の理想形です。

こうしたラーニング・オーガニゼーションを築くには、やはりチームの中にスーパースター的ロールモデルがいたほうがいい。雑誌やテレビを通して知る誰かではなく、今、自分の目の前に目指したい姿があるというのはすごく刺激になります。

その刺激を成長につなげるには、その人が何をやってきたかをきちんと伝えることが大切です。明確な目標をもって仕事に臨んできたとか、周囲のアドバイスを素直に聞いて実践してきたとか、ハードルの高い仕事にもリスクを取ってチャレンジした、等々。

単にその人がやってきたことを真似るのではなく、逆算の思考や仕事に臨む姿勢など、**成功の本質を学べるようにリーダーが導く**ことが大切です。例えば「毎朝7時に出社した」ことを真似るのではなく、なぜ7時に出社したのか。その時間を使って何をしたのか。そのロジックにこそ学ぶべきことがたくさんあります。

「教える場」を与える

人は何かを学んだり、覚えたり、発見したりすると、それを他の人に言いたくなるものです。そういう場や機会を渡すことも、メンバーを育てる上で必要なことだと思います。

学んだことを「人に教える」という行為には、たくさんのメリットがあります。一つは**本人にとっての復習効果**です。人前で発表するチャンスをもらえば、それなりの準備をします。経験を振り返ったり、学びのポイントを整理したり、どう伝えればわかってもらえるかと考えて言葉を探したり。こうしたプロセスの中で自分が経験したことを咀嚼し、**学びを記憶に定着させる**ことができるというのが第一のメリットです。

私も以前いた会社で自由参加形式の勉強会を定期的に開いていました。講師は社員。面白いプロジェクトを仕掛けた人や新しいシステムを作った人など、毎回いろんな人に、できるだけ若手の社員に話をしてもらうようにしていました。

そうすると本人の復習効果はもちろん、**チームとしてもそのノウハウや知識を共有でき、話を聞いているメンバーへの刺激にもなる。**この波及効果が第二のメリットです。

クライアントへのプレゼンテーションも、最近はなるべくメンバーを帯同し、どんどんやってもらうようにしています。事前に「今度のプレゼン、企画の骨子は君が話して」「会社説明のパートは任せたよ」と伝えておき、資料は前日までに提出してもらって、私自身がチェックします。

社長と一緒に大事なお客さまの前でプレゼンするのですから、当然、緊張します。そうすると「社長、ここはどうなっていたんでしたっけ？」「この場合はこれでいいですか？」と、それまでは出てこなかったような質問をしてくるようになる。

当事者意識をもつと、仕事への取り組み方がガラリと変わります。**時には差し迫った状況に追い込んで、いい緊張感をもたせる**——そういう場面をリーダーが用意してあげることも大事だと思います。

資格を取ると金一封をもらえるような教育制度もありますが、それだけではたいした成長は望めません。資格を取ることや報奨金がゴールになってしまうと、学んだことを仕事に活かそうという発想が生まれにくいからです。勉強を始める前に「何のために」その資格を取るのか、自分の仕事にどう活かし、具体的に「どんな実績を上げるのか」という部分をメンバーとしっかり話し合っておくことが大切です。

社外のセミナーや勉強会への参加も同様です。予算が許すなら、どんどん参加してほしい。でも、そこでの学びを仕事に活かすことがゴールになるような仕組みを作っておかなければ、「ああ、面白かった」で終わってしまいます。

成果を発表する機会や他の人に教える場を用意するというのは、「面白かった」で終わらせない仕掛けの一つです。

本人の得意分野を伸ばす

人にはそれぞれ得手・不得手があります。大きなチャレンジをさせたり、学んだことを発表する場を用意する前に、**まず、本人の意見にしっかり耳を傾けること**。本人が何を求め、何を目指しているかをしっかりとらえ、できるだけそれに直結するチャンスを与えることが大切です。

弱点や苦手の克服には時間がかかります。できないことを、できるようにする努力は必要ですが、そこを人よりも秀でた強みにもっていくのは並大抵のことではありません。どんなに頑張っても一番になれないとなると、本人もモチベーションをキープしづらいものです。弱みをカバーするより、**その人の強みを伸ばしながら得意分野を広げてもらう**ほうが、本人にとっても、チームにとってもプラスです。

そのため、私はよく**「自分の得意分野で、とにかく深く穴を掘れ」**とメンバーに伝えています。深く掘ると穴の直径はおのずと広がっていきます。直径1mの穴を深さ100m

地点までは掘れない。100m掘れば、間口は当初の何倍にも広がっているはずです。

広げ方が足らない時は、わざと広げてあげます。別な仕事やチャンスを渡して、周辺を掘り下げてもらう。そうやって間口が広がると、楽に深く掘れるようになるからです。

他部署への異動も、間口を広げてもらう手段の一つです。研究・開発部門の人を営業の現場に送り込んだり、営業の前線にいる人に管理部門の仕事を経験してもらったり。その時、当人が開発や営業の仕事から「外された」と落胆しないよう、異動の意図をリーダーがしっかり伝えておくことも大切です。

営業の現場でお客さまの声を肌で感じることができれば、開発の視点や発想の幅がぐっと広がるはず。優秀な営業スタッフにはマネジメント能力を磨いてもらい、より大きなプロジェクトを動かせる人材に育ってほしい。そういう部分をきちんとコミュニケーションできていれば、本人も納得して新たな経験を成長につなげることができます。

こうしたジョブ・ローテーションは、おそらくどこの会社でもやっていると思います。やってはいるけれど「期待したほどの効果や成長が得られない」という声もよく聞きます。

事前に異動の意図をきちんと説明しても、なかなか成長につながらなかったり、逆にメンバーのモチベーションを下げる結果になってしまったり――その原因の一つは、期間が長すぎることにあります。

「マネジメントを経験してもらうため、子会社に3年出向してほしい」――。組織としては、優秀な人材だからこそ子会社の経営を任せ、じっくり経験を積んでほしい。でも、仕事ができる人は目標設定と将来設計ができている人です。どんな経験も無駄にはならないけれど、3年はいかにも長すぎます。そもそも、そこに3年もかけている組織のスピード感に問題がある気がします。

マネジメントを経験してほしいくらいの人材なら、もっと機動的にいろんなチャンスを渡したほうがいいと思います。**短期で密度の高い経験が積めるチャンスを作り、それがすぐに仕事に活かせるような仕組みを考える**のもリーダーの仕事です。

未知の世界に飛び込ませる

私が、ジョブ・ローテーションの仕組みを考える上で参考になった本の一つに『破天荒!――サウスウエスト航空　驚愕の経営』（ケビン・フライバーグ、ジャッキー・フライバーグ著／日経BP社）があります。

面白いと思ったのは、1日だけ仕事を入れ替わる人事交流制度です。職場だけでなく、相手と靴も交換する。サイズが同じでも、最初はかなり違和感があるはずです。足の形や歩き方の癖によって、ソールの減り方も靴の形も違ってくる。こうした〝肌で感じる〟違いは、すごく刺激になります。

同様に、他の企業を見学したり、まったく縁のない業界のセミナーに参加すると、思いがけない発見がたくさんあります。頭で理解する違いだけでなく、そこにいる人たちがもつ空気感や発想、動き方の違いがものすごく刺激になる。思考の領域を広げるという意味では、仕事に直結するセミナーよりもはるかに多くのことを学ぶことができます。

強みを伸ばすといっても、得意分野で穴を掘り続けていると、自分の経験値や常識にとらわれて行き詰まることもあります。そんな時は、**思い切ってメンバーに未知の世界を経験させる**ことも大切でしょう。一見、無関係なことが突破のヒントになったり、飛躍のきっかけを作ってくれるものです。

「得意分野で穴を掘らせても、外の空気を吸わせてもなかなか伸びない」

「本人の意欲もポテンシャルも高いのに、なぜか芽が出ない」

というケースもあります。これは上司との関係が障害になっていることが多いようです。

上司の仕事の与え方がその人に合っていなかったり、教え方が合っていなかったり。こういう場合は上司や働く環境を速やかに変えてあげたほうがいいでしょう。

時には社長自身が直属の上司になって面倒を見る、いわゆる〝鞄もち〟プロジェクトを発動してもいいと思います。朝から晩まで、どこにでも同行させる。四六時中一緒にいるわけですから、社長としても伸びない原因を間近で見極めることができます。もちろん当人にとっても、社長に同行して様々な経営者に会ったり、社長のかたわらで会社の動きを知ることができるなど、いい刺激になるはずです。

伸びない原因を探ることが目的ですから、鞄もちは1週間でも3日でもOK。短い期間だからこそ緊張感があって、効果がある。これも「思い切って未知の世界を経験させる」ことの一環です。

悔しさのレバレッジ効果を引き出す

一流選手を集めたプロのスポーツチームにも、スランプで戦力にならない人やケガでプレーができない人はいます。中には体調万全、才能もあるのにモチベーションが低くて伸び悩んでいる人もいる。会社も同じです。

募集要項

募集対象	日本語で書かれた、企業や経済を題材とする小説の自作未発表作品。
応募資格	プロやアマチュアといった資格は問いません。
原稿規定	・ワープロ原稿（手書き原稿は不可）。 ・400字詰め原稿用紙換算で300～800枚（厳守）。字数にして120,000～320,000字。 ・マス目・罫線のないA4サイズの紙を横長に使用し40字×40行程度で印字。 ・原稿には通し番号をふり、クリップで右肩を綴じる（糊綴じや紐綴じは不可）。 ・最初の1枚に、タイトル、氏名とふりがな（ペンネームの場合は本名も）、住所、郵便番号、電話番号、メールアドレス、職業、略歴、年齢、作品の梗概（600～800字程度）、原稿の400字換算枚数を明記のこと。 ・2次選考通過時に必要となるのでテキストデータを保存しておいてください。
締め切り	2009年1月31日（当日消印有効）
発表	2009年6月発行の『週刊ダイヤモンド』誌上にて発表し、小社より単行本として刊行。
応募先および問い合わせ先	〒150-8409 東京都渋谷区神宮前6-12-17 ダイヤモンド社書籍編集局「城山三郎経済小説大賞」係 TEL:03-5778-7237
注意事項	・応募作品は返却いたしません。 ・選考過程に関するお問い合わせには応じられません。 ・他の公募賞との重複応募は失格です。 ・受賞作品については小社所定の出版契約を締結していただき、出版権や二次的使用に関する権利は小社に帰属します。 ・応募された方の個人情報は、本大賞以外の目的に利用することはありません。

詳しくはダイヤモンド社のホームページでもご覧いただけます。

www.diamond.co.jp/novel

チャンスを渡せば自分でどんどん伸びてくれる人もいれば、そうでない人もいます。そういう人たちもいるという前提でチーム作りを考え、そういう人たちも〝込み〟で勝ち続けていかなければならない。経営とは、そういうゲームです。

大切なのは「誰も立ち止まっていない」状態を作ること。成長のスピードやレベルにバラつきがあったとしても、**全員がそれぞれのペースで成長・進化している**状態をキープする。たとえ一歩でも、半歩でも進化は進化です。それを絶対評価できちんと認めること。リーダーだけでなく、メンバーが互いの成長を絶対評価で尊重しあえる空気を作っていくことが大切です。

もちろん、同期・同僚が自分よりも先に出世すれば、誰だって「悔しい」「羨ましい」と思うでしょう。こうした感情も、正しく活かせば成長のバネになります。

正しく活かすとは、**悔しさを負の感情で終わらせない**ということです。「アイツは社交的だから偉くなったけど、自分は内向的だから力はあっても出世できない」という話で終わってしまうと、本人も成長しないし、妬まれた〝アイツ〟も気分が悪い。こうした負のエネルギーはチームの空気も悪くしてしまいます。

ハングリー精神はあってもいいけれど、その矛先とエネルギーが自分自身に向けられなければ成長できません。リーダーは「お前も頑張れ」とハッパをかけるのではなく、その人との違いやギャップをきちんと認識させること。あなたは彼ほど勉強しているか、彼ほど先のことを考えて動いているか、リスクをかけてチャレンジしているか――。事実ベースで違いを明らかにし、ギャップを埋める方法を一緒に考えることが大切です。

悔しさを支点に、みずからの努力でギャップを埋めることができれば、レバレッジ（てこの力）が効いて、大きく伸びてくれるはずです。

能力を発揮できない人の大半は、その方法がわからないだけなのです。成長したいという意欲はあり、努力もしているつもりだけど、なかなか評価されなくて、その理由もわからない――。そこをどう導くか、どこまでメンバーの可能性を信じて成長力を引き出せるかがリーダーの真価を測るモノサシだと思います。

撤退のルールを決める

成長してもらうには、**時には目をつぶって失敗を経験させる**ことも必要です。リーダーが自分の手を動かすことでフォローできるレベルの失敗もあれば、経営のバランスシートを左右するような手痛い失敗もあります。

でも、これは一種の教育コスト。メンバーが新しい事業やプロジェクトを提案してきた時、うまくいかない予感があったとしても、本人に相当の覚悟と熱意があれば、敢えてチャレンジさせることもあります。

何事にも絶対はありません。誰もが「絶対無理」と思うようなことでも、本人の熱意と努力次第では成功する可能性だってある。事実、そうやって成功したベンチャー企業はたくさんあります。本人の「やってみたい」という芽は潰してはいけないと思います。

その代わり、**必ず最初に撤退のルールと基準を明確化**しておきます。ビジネスですから、利益は追求しなければなりません。例えば「半年で黒字化、その間の累損はいくらまで。それが達成できなければ撤退」というルールを決めて、**その上で思い切り行かせる。**大切なのは、この「思い切り行かせる」という部分です。

勇気をもってチャレンジする中からしか大きな成功は生まれないものです。思い切ってぶつかっていった経験がないと、日々の仕事の中でも思い切った行動が取れなくなります。

また、そういう経験をしていないと、自分がリーダーになった時にメンバーのチャレンジを後押しできない。思い切ったチャレンジの経験がないと、リーダーは務まりません。

仕事で上を目指すなら、失敗も経験し、失敗した時はどうすればいいかも学んでおく必要があります。失敗を恐れていては、大きなチャレンジはできません。

撤退のルールは決めますが、失敗した時にどうすればいいかは言いません。失敗から何を学ぶかは本人次第。「失敗したら3割減俸」といったペナルティも、事前には一切決めません。失敗を前提とした話をするのはルール違反。チャレンジの意欲をそぐだけです。

どんなチャレンジに、どれくらい投資するかはリーダーの判断。バランスシートへの影響や事業性もしっかり見極めますが、**私が何よりも大切にしているのは本人の志**です。

「普段から疑問に思っていた業界のしがらみを突破するために、インターネットを使った新しい仕組みを作りたい」とか「こんなサービスを作って、困っている人を助けたい」とか。新しい事業を提案するなら、何かを大きく変えて世の中をよくしたいという志が欲しいのです。

もちろん、それをビジネス化するための工夫やモデルのオリジナリティ、それを自社で行う意義を語れることも重要です。それがなければ企画は通りませんが、企画が通ったとしても、本人に志がなければ周囲を動かせないし、周囲を夢に巻き込めなければ事業を成功させることはできません。

志の高さ、強さに加えて私が**もう一つ見ているのは「信じる力」**です。事業がなかなか軌道に乗らなかった時、どこまで自分と事業の可能性を信じて耐えられるか――。

成長曲線は、あるポイントでぐっと角度がついて、そこから急カーブで伸びていくものです。でも、そのポイントがいつやってくるかは誰にもわからない。**いつくるかわからないブレークスルーを本気で信じて、一点集中で全力投球できるか**どうかは、事業の成否を左右する重要な鍵の一つです。

ベンチャーも、社内起業も、たとえて言うなら巨石を動かすようなものだと思います。巨石を動かす唯一の方法は、その石に一番力が伝わるポイントを一点集中で押し続けることです。押し続けていると、やがてゆっくりと、しかし確実に動き始めます。

どこを押し続ければ動かせるかは、自分で見極めるしかありません。多少ポイントがズレていたとしても、根気よく押し続けていれば、いずれ石は動き出します。その石を動かすことが世の中のプラスになるのであれば、手伝ってくれる人も出てきます。一緒に押してくれたり、押すポイントのズレをアドバイスしてくれたり、石を動かすのに便利な道具を貸してくれたり、あるいは押し手を雇う資金を提供してくれるかもしれません。

メンバーがチャレンジする時は、私も自分がもっているツールはすべて教えます。ただし、それが正解とは限りません。メンバー本人が自分の目でツールを選び、自分の目を信じて試すしかない。そのベースになるのが「志」です。

新たな事業にチャレンジするには、高い志と自分を信じる力が必要。それを後押しするリーダーにも、**メンバーの可能性と成長を本気で信じる**力が必要です。

お客さまの声が育ててくれる

メンバーの可能性を信じ、思い切ったチャレンジができるように後押しをする——といっても、もちろん手綱を締めなければいけない時もあります。手綱を締めてばかりの上司や緩めっぱなしの上司もいますが、チームに何が起きているかを的確につかみ、**タイミン**

グをとらえて手綱を締めるスキルや才覚は、リーダーには不可欠です。

手綱を引く必要の有る無しや、そのタイミングをつかむ上で私が一番頼りにしているのは、お客さまの声です。通販ビジネスなら商品を買ってくださったお客さまからの手紙や電話。お客さまからのレビューは、すべて必ず目を通しています。営業チームについては得意先企業で窓口となってくださっている方の声。ちょっとしたことであっても、何か問題があれば、それに対するご不満・ご批判はすぐに聞こえてきます。お客さまが言葉にされなくても、こちらがちゃんとアンテナを張っていれば、そのシグナルはつかめるはずです。

自分たちのやっていることは、お客さまに受け入れられているのか。もし、そうでなければ、すぐに対策を取る。大切なのは、これを「すぐ」やることです。

ただし、そこで**何をすべきかはメンバーに考えてもらう**ことが大事。答えがわかっていたとしても、リーダーが指図してはメンバーの成長につながりません。その時は効率よく危機回避できたとしても、メンバーが危機意識と考える力をもたなければ、同じミスや問題が繰り返されてしまいます。

そういう時に、**私がよく使うのは社員とのミーティングの場**です。

「最後に池本さん、何かありますか?」

と聞かれた時などに、例えばお客さまからのレビューについて、

「毎日読んでいるけど、今日のこのレビューはどうも気になるんだよね」

と切り出し、それを読み上げます。内容的には、ちょっとしたクレーム。でも、

「1件しか来ていないけど、こう感じているお客さまは一人じゃないと思うんだよね。確かめたわけじゃないけど、他に何人もいるような気がする。**どう思う?**」

と聞いてみる。感じることは社長も現場も同じです。しかも、その原因がどこにあって、どうすれば改善できるかは、実は現場のスタッフが一番よくわかっています。

「確かにそうかもしれません。先日こんなことがあったから、その影響かも」

「**だとすると、どうしたらいい?**」

どうするかはメンバーに考えて、決めてもらいます。あとは
「それ、**いつからやる?**」「**誰がやる?**」「その結果を、いつ報告できる?」

と確認して、終わり。短い会話ですが、これで十分。なぜなら、話しながらすでにメンバーが問題解決に動き出しているからです。

お客さまの声から問題を察知し、それをチームで共有して、メンバー自身が問題を解決する。こうしたプロセスを繰り返していくと、メンバーもお客さまの声に対して敏感になります。誰に言われなくても、「ん？　ちょっと待てよ……これはおかしい」と感じるようになる。みんなが「ちょっと待てよ」と気づけるようになれば、それだけたくさんの改善のヒントが見つかって、チーム全体で多くのことを学べます。

さらに、**お客さまの声から察知した問題は、どんなに小さなことでもすぐに体を動かして解決する**という流れができてくると、「ちょっと待てよ」と思ったことに対して、自分から「こうしたほうがいい」と考えるようになる。上司に指示されてやるのと、言われる前に先回りして動いて、お客さまに喜んでもらえるのとでは、本人に身につくものもモチベーションにも雲泥の差があります。

完璧な人間がいないように、組織にも完璧はありません。でも、自分の足らない部分に自分で気づくのはなかなか難しいもの。鏡のように見てくださっているお客さまの声を聞くのが一番です。

お客さまの声を頼りにメンバーの育成や自社サービスの向上を図っているように、私が**社内制度の改善に関して一番頼りにしているのは社員アンケート**です。アンケートに寄せられた声をしっかり聞いて、すぐに動く。社員の不満シグナルをしっかり察知して、仕組みを直していく――。これはすごく大切なことです。

「アンケートに書けば、ちゃんとやってくれる」という信頼を得ることができれば、気になることがあれば「実は……」と、伝えてくれる人が出てきます。この「実は……」という中に、チームやチームの仕組みを改善するヒントがたくさんあるのです。

社員の声によって組織が動き、改善されていけば、メンバーのモチベーションも上がるし、当事者意識をもってチーム運営に参加してくれます。「実は……」という貴重な本音を引き出すためにも、リーダーは**社員の声に真摯に耳を傾け、仕組みの改善を大真面目にやること**が大切だと思います。

頑張る社員が報われる仕組みを作る

人材育成に欠かせない仕組みの一つに「評価制度」があります。頑張りや成長をきちんと評価する制度は、メンバーを動かし、育てる上で一番大切なものだと思います。

その割に、完璧なものはない。すべてのメンバーが大満足するようなものは、私もまだ見つけられていません。

自分で目標を設定し、その達成度合いで報酬が決まる――というのが評価制度の原則。でも、中には目標設定がうまい人もいて、簡単なことを、さも難しそうに語る人もいます。そんなことをしても自分のためにならないということに気づいてもらい、適正な目標設定を引き出すのも上司の役目の一つです。

目標設定と評価の精度を上げるには、評価の目を増やすということも大切でしょう。上司だけでなく、同僚や部下、後輩を含めて「360度評価」をする。

普段の仕事ぶりに関しては、上よりも横や下からのほうが視界は良好です。こうした**複数の目をリアルな評価につなげられるよう、つねに努力・工夫していく**こと。可能であれば、お付き合いのある企業の方々やお客さまからの評価も盛り込めるような仕組みを作っていきたいと思っています。

頑張っている社員は正しく評価され、相応に報われるべきです。そのためにも、**評価制度と連動した報酬制度を構築する**ことが重要。

ただし、評価制度も、報酬制度も、基本的にメンバーを「伸ばす」ためのものです。評価は報酬を下げることが目的ではないので、そこは十分に気をつける必要があります。

３６０度評価で評価が低い人は、おそらく本人の意識のもち方に何らかの問題があるのだと思います。そこは改善していく必要があります。でも、手を抜いている人が、まかり間違って高い評価を受けているというのは、手を抜いた本人より、それを可能にしている「仕組み」が悪い。**他のメンバーからの声や指摘を、仕組みの改善につなげていく**ことが重要です。

そのためにも、**目標・評価はできるだけ数値化する**こと。「算数の問題」として判断できるようにすることが大事だと思います。できたと思う・思わない、というのは感想。国語の問題です。国語の問題にしてしまうと、好き嫌いの視点も入ってしまう。完璧な評価制度がなかなかできない原因の一つもここにあります。

営業部門はもちろんですが、管理部門もできるだけ評価軸を数値化したほうがいい。方法はいろいろあると思います。経理部門なら、例えば月末の締め日から3日以内に売上計算書を開示することを目標にし、何カ月連続でそれを達成できたかを見るとか。新人なら上司が経理知識テストを作成して、その点数で習熟度を測るとか。

人事部門でも、社員教育を担当している人なら受講者アンケートを評価に盛り込む手があります。アンケートの項目にテーマや講師選び、セッティング、段取り、研修後のフォローなどを盛り込んで、評価してもらう。教育担当者にとってのお客さまは受講者ですから、どれだけ受講者に喜んでもらえたかがその人の評価に反映される仕組みはあってしかるべきでしょう。

採用部門も、例えば採用単価や母集団形成の成果は数値化できます。同じコストで、どれだけの人材を集められたか。説明会に１００人来て、去年は30人しか一次面接に進めなかったけれど、今年は説明会のプログラムを拡充し、事前の広報にも力を入れたので説明会に２００人が集まり、一次面接に進む人も１００人いた――となれば、これはプラス評価です。

こうした工夫を積み重ねていけば、どの部門でも評価の数値化は結構できるものです。マネジメントの仕事も数値化しにくいと言われていますが、私は直属のマネジャークラスとは数字で評価軸を決めるようにしています。

もし、今の会社や職場で自分が正当に評価されていないと不満をもっているのなら、**自分で自分の目標を数値化していく**といいと思います。総務系の仕事でも数値化はできます。

外部との接触がある部門なら外部の評価を、社員をサポートする仕事なら社員アンケートなどを活用すればいいのです。

仕組みとしての評価制度も、自分自身の目標値も、つねに更新していくことが大切です。リーダーは評価の精度や、評価の仕組みに対するメンバーの満足度を高め、メンバーにはより高い目標を設定してもらって、その〝上げ幅〟や改善・成長のスピードも評価に盛り込めるようにするのが理想です。

「人時生産性」を高めて、成長のオフタイムを作る

思い切ったチャレンジをさせたり、成果を発表する場を渡したり、お客さまの声にアンテナを張ったり、評価の仕組みを考えたり――。メンバーを育てるためにリーダーがやるべきことはたくさんありますが、私がもう一つ大事にしていることは、メンバーを早く帰すということです。

マネジメントにとって一番大事なことは、実は生産性を上げることです。メンバーが長

時間働いているより、短時間で結果を出せたほうがいい。**単に仕事を効率化するのではなく、密度を上げ、質を上げる。**

大切なのは「人時《にんじ》生産性」——1人1時間当たりの生産性です。

メンバーの仕事ぶりを見ていると、長時間働いている人の多くは、ルーティンワークの渦に巻き込まれてしまっています。そこから脱却して、違うものを吸収していかないと成長できません。ポテンシャルの高い人が日々ルーティンワークをこなしているという状況は、組織にとっても大きなマイナスです。

でも、ポテンシャルの高い人は仕事を安心して任せられるので、リーダーもついつい「しばらくはこのままで……」と、あぐらをかいてしまう。そうやって本来のクリエイティビティが発揮されていないケースは少なくありません。

クリエイティビティを発揮してもらうには、やはり刺激が必要です。刺激を受けるには時間が必要。だから、人時生産性を上げる仕組みを作って、早く退社してもらう。

余った時間は、自分の成長のためのオフタイムです。どう使ってもOK。学校に通って勉強してもいいし、いろいろな人と会って情報収集したり人脈を広げてもいい。ジムに通って体を鍛えてもいい。

どんなことでも、その人が何かで成長すれば、それは仕事にも跳ね返ってきます。仕事に直結しないように見える成長でも、それは仕事ぶりに必ず影響します。オフにしっかりリフレッシュできれば、仕事の生産性も上がります。

メンバーのポジティブな意欲を信じていない人は、「無駄に時間を使って、かえって仕事に響くのでは……」と心配します。メンバーのポテンシャルを信じていない人は、「早く帰れるんだから、これを勉強しておけ」と、余計な世話を焼く。こういうタイプのリーダーは、メンバーに思い切ったチャレンジもさせられないし、メンバーが自分で考えて動く前に答えを渡してしまいがちです。

人を見極め、動かし、伸ばすことがリーダーの仕事だとすれば、人を信じる力はそのベースになるものです。人を信じる力のないリーダーは、チームを伸ばすことはできません。

こんな本もお薦めします……③

カエルを食べてしまえ!

ブライアン・トレーシー著
門田 美鈴訳(ダイヤモンド社・2002年)

世の中には、誰かがやってきて、自分がなれたらいいのにと思う人間になれるよう後押ししてくれるのを待っている人がいっぱいいる。問題は、そんな人はやってきはしないということである。

これはバスの通らない道でバスを待っているようなものだ。自分で進んで責任を負うか、自分を追い込まないかぎり、いつまでも助けを待つことになる。実際、そういう人がほとんどだ。人の指図なしにやれる人は、わずか二%しかいない。こういう人たちは「リーダー」と呼ばれる。こういう人にこそならなければならない。(84頁より)

ブライアン・トレーシーは世界最高のセールスマンにして、セールスコーチといわれている一人です。私自身かなりの投資をして、ブライアン・トレーシーの教材を買い込んで勉強をしているので、その投資効果を実感していますが、シンプルでエッセンスがギュッと詰まった手軽なテキストとして、本書をオススメします。

4 章

信じる力

Believe yourself
——まずは自分を信じる

20代の頃、ハワイにあるリゾートホテルの再建プロジェクトを担当したことがありました。英会話学校にも通いましたが、実際に行ってみると英語が全然わからない。初めて現場の会議に出た時は、1割もわかりませんでした。

上司である社長と一緒に数回ハワイに出張し、「次は一人で行け」ということになったのですが、まったく自信がない。不安いっぱいで出発の日を迎え、「夕方のフライトなので、そろそろ行きます」と社長に挨拶してオフィスを出ようとしたら、呼び止められました。

「ちょっと待て。池本、『Believe yourself』。——わかるか?」

英語は確かに発展途上かもしれないが、大丈夫。できるから自信もって行ってこい、と。その一言で吹っ切れました。

背中を押してもらうことで、自信がもてた。根拠なんかありません。わからなければ、わかるまで聞けばいい。不思議なもので、一瞬で不安が自信に、自信が絶対にやってみせるという覚悟に変わりました。こうなると猛烈に力が湧いてきます。無事に役目を果たして帰国することができました。

若い人や自分の部下が、ジャンプ台まで来ているのに飛び込めないでいる時は、私も「大丈夫。絶対できるから自信をもって飛べ」と言って送り出します。自信とは、文字通り「自分を信じる」こと。今、自分がもっている以上の力は出せませんが、もっているものは100%出さなければいけない。何事も、やってみなければ結果など誰にもわかりません。

だからこそ「Believe yourself」。今の自分に自信をもつこと。**自分を信じて力を出し切る。**そうすれば、何とかなるものです。

信じる力は、仕事をしていく上でとても大事なもの。そして、最初に信じるべき相手は自分自身です。「大丈夫」「やればできる」という自信があれば、最初の一歩を踏み出せます。最初の一歩を踏み出せたということが自信になって、前へ前へと進んでいけます。

自分を信じられない人は、人のことも信じられません。あるいは、むやみに周囲のことを信じてしまい、「騙された……」ということになって、ますます自信をなくす悪循環に陥ってしまいます。

自分を信じることと、尊大になることとは違います。尊大さもまた人を信じたり、その人の良さを認める眼を曇らせてしまいます。大切なのは「**職業人としての意思の強さと、個人としての謙虚さ**」。——これは『ビジョナリーカンパニー2 飛躍の法則』（J・C・コリンズ著／日経BP社）に記された一節で、私の好きな言葉の一つです。

できないことを素直に認める謙虚さがあるからこそ、できることに自信をもち、自信があるからこそ強い意志をもって自分の夢に人を巻き込むことができる。**信じる力は、人を見極めたり、動かしたり、育てたりすることのベースになるもの**です。

人を信じる

人を信じられない社長に会社を育てることはできません。社員の可能性や熱意を信じて思い切ったチャレンジをさせられないから、人が育たない。羽ばたかせるどころか、羽をもいで管理しようとする。

例えば、在庫の数が帳簿と合わない時、「社内の誰かが持ち出しているに違いない」と疑って入退室のチェックを厳しくしたり、管理を強化しようとする人もいます。でも、実際はそこを強化しても問題解決にはならないのです。警察官を増やしても犯罪はなくなりません。

リーダーが自分たちを信頼しているかどうかは、メンバーにはすぐわかります。一度でも「疑われている」と感じたら、途端に人の心は離れていきます。嫌気がさして、会社を辞めてしまう人も出てくるでしょう。辞めた社員は、辞めた瞬間からお客さま。こういう形で社員を失うということは、大事な潜在顧客を失っているということです。

たとえ誰かが持ち出していたとしても、それはモラルの問題。管理を強化しても、モラルは向上しません。そんなことにエネルギーを費やしていては、肝心の本業もおろそかになってしまいます。

私は自分が採用したメンバーを信じていますし、採用した自分の目を信じています。帳簿と在庫の数が合わないとしたら、それは担当スタッフではなく、合わない状態を作ってしまう仕組みが悪い。そこをきちんと改善していくことが先決です。

信じる力は、採用にも表れます。人を信じられない人は、自分より優れた人を採用できません。会社から技術やノウハウを盗んでいくのではないか、経理を担当させたら着服するかもしれない――。疑い出したらキリがありません。

優秀な人が応募してくれたら、私は大歓迎。その人が頑張ってくれれば売上げが伸びて、会社を大きくすることができます。組織を持続的に成長させることが私の仕事ですから、そのためにも自分よりも優れた人材をどんどん採る必要がある。優秀な人材を採ることができれば、あとは彼らが頑張れる環境と仕組みを整えるだけでOK。そもそも〝人を管理する〟必要などない、というのが私の持論です。

組織を運営していく上で、人を信じる力は不可欠です。なぜなら、一人でできることには限界があるからです。

事業としての目標をより早く達成し、より大きな成果を上げるには大勢の人の力を借り、みんなの気持ちを一つにして取り組む必要があります。**人を信じられないということは、その人たちの力を活かし切れないということ。**いくら人を増やしても、結局、自分のサイズ以上のことはできません。他人と自分との違いを認め、違う部分を信じることでしか大きなことは成し得ないと思います。

ベンチャーもそうです。意気投合した仲間だけでやっている間は、そのレベル以上にはなりにくい。どうしても志向の近い人が集まってしまうので、事業や発想が広がっていかない。事業を育て、組織を大きくするには、早い段階で異質なメンバーを入れたほうがいいと思います。

自分にないものをもっている人、**自分たちを脅かすような存在を喜んで仲間に加えること**。この〝喜んで〟というところが、実はとても重要です。

「2匹目のカマス」という話をご存じでしょうか。カマスはテリトリー意識の強い魚です。これを大きな水槽で1匹飼って、毎日同じ時間、同じ場所に餌を入れる。決まった時間と場所に食べにくる習慣ができたら、餌場とカマスの間にガラスの板を入れます。すると、餌を食べようとするたびにガラスにぶつかって、痛い思いをする。それが続くと、やがて餌場に向かわなくなります。来なくなったらガラスをはずす。――ここで、このカマスを再び餌場に向かわせるためにはどうしたらいいか、というクイズです。

答えは、2匹目のカマスを水槽に入れる。2匹目は痛い思いをしていないので、餌を入れると食べに来ます。それを見た1匹目のカマスも、「あれ？」と思って再び食べに来るようになるのです。

人も同じです。知らず知らずのうちに、自分の習慣や経験にとらわれているもの。そんな思い込みをガラガラと崩してくれる異分子を、どんどん仲間に入れていくべきです。新入社員、他業界からの転職者、外部のボードメンバー、等々。**受け入れるだけでなく、こちらから積極的に探しにいく**くらいでないといけないと思っています。

チームで働いていると、ある意味、自分以外の人はみんな〝2匹目のカマス〟です。意見が違う、違う考え方をする人がいるというのは、とてもラッキーなこと。そう思って**異論・反論を歓迎できる人は成長力も高い。**

——あなたはどうですか？　身近な〝2匹目のカマス〟を歓迎していますか？

お客さまを信じる

組織や自分を高めるための、重要な気づきを与えてくれる——という意味では、お客さまも〝2匹目のカマス〟です。もちろん、中にはおかしなことを言う人もいます。事と次第にもよりますが、基本的にはそういう方からのクレームも「正しいことを言っている」という前提で、きちんと受け止めなければいけないと思います。

例えば、通販会社で「箱をあけたら、商品が入っていなかった」と言われたとします。「そんなはずはない」と、お客さまを疑ったところで何の解決にもなりません。家宅捜索するわけにはいきませんし、そんなことをしてもコストの無駄です。

つねに、どんな場合でもお客さまを信じて、１００%お客さまが正しいという姿勢で接する。その上で、二度と同じクレームがこないよう、仕組みを改善すること。

どんなクレームも、改善のきっかけになります。実際、「カラだった」クレームの対策として、箱に送り状を貼り、商品を詰め、封をするまでのプロセスを撮影している通販会社もあります。

お客さまが嘘をついているのではなく、勘違いされている場合もあるでしょう。でも、一度「どうなってるんだ！」とクレームをつけたら、自分の勘違いだと気づいても引っ込みがつかないこともあります。バツが悪くて「実は……」とは言いづらいものです。

そんな場合も、お客さまが気持ちよく刀を鞘に収められるように対応することが大事。お客さまが正しいという前提で、最善・最高の対応をする。きちんと対応すればファンになってくださるきっかけにもなるし、中には「いやいや、実は……」と言ってくださるお客さまもいらっしゃいます。

クレームはギフト。**苦情を寄せてくださるお客さまは、自分たちに改善のきっかけを与えてくれる大事な〝2匹目のカマス〟**です。そうやって、つねに自分たちの仕事に改善を加えている好例が「トヨタ」。アパレル小売チェーンの「しまむら」もそうです。しまむらさんの本社に行くと、受付のところに納入業者さんのための投書箱が置いてあります。会社へのご意見・ご要望を何なりとお寄せください、と。で、そこで指摘されたことは、やるんだそうです。

そもそも、この会社は納入業者さんからの評判がすごくいい。安く仕入れる代わりに全品買い取り、一切返品なし。金払いもいい。この会社は最後の1点まで売り切る仕組みをもっているから、それができる。流通、店舗展開、マーケティングの仕組みもすごい。すごいけれど、そこにあぐらをかくことなく、改善を続けているところがもっとすごい。

何か新しいことを提案された時に「それは無理だよ」「やっても無駄」と言う人、いますよね。でも、「じゃあ、どうしたらいいと思う?」と聞かれて代案がない人は、単なる批評家。問題が起きた時に犯人探しばかりしている会社はこれと同じです。犯人を探して、その人のミスを責めるばかりで、ちっとも改善されない。

人間にミスはつきものです。例えば前述の「カラだった」クレーム。本当にカラで発送してしまったとしたら、それを未然に防げなかった仕組みに問題がある。たまたま今回はその人がミスをしてしまったけれど、他の人がやっても同じことは起きるはずだし、もちろん私がやっても起きるのです。

お客さまの言葉を信じ、**社員を信じて、万が一のミスは仕組みでカバーしてあげる**ことが大事。誰がミスをしたかよりも、一つのミスをきっかけにみんなで解決策を考えたり、こうしたミスを起こさないようにしようという気持ちになってもらうことのほうが、はるかに重要です。

与えられたチャンスを信じる

私は、どんな仕事でも「池本さん、これ、やってくれない？」と言われたら、あまり断りません。指名されてチャレンジできるのはラッキーなこと。どんなにハードルが高くても、たとえ汚れ役であったとしても、普通は体験できないことですから、どちらかというと「それ、やらせてもらっていいの？」という感じです。

でも、「そんな仕事を簡単に受けちゃっていいの？」「どうしてそんなに自信があるんですか？」とも言われます。「やったこともないのに――」と。やったこともないし、やれるという根拠もありません。ないけれど**「何とかしよう」と考える。「何とかできるだろ**

う」と思う。それは、自分の運や直感や力を信じているということでもあるし、そのチャンスを与えてくれた人のことを信じているということでもあります。この人は、僕にできると信じてオファーしてくれたんだろう――と、依頼人の眼を信じています。

どんなに実力があっても、信じる力がないとチャンスに手を挙げることはできません。それが新しい試み、初めてのことだとしたら、失敗したとしても誰も文句は言いません。誰もやったことがないから文句は言えないし、**やった人だけがなぜできなかったか、どうしたらできるかを学べる。**

若い人は特に、どんなことでもいいから、尻込みしないで自分からどんどん手を挙げてほしいと思います。そうやって、会社になくてはならない存在になることが大事。

そのためには、**まず人の嫌がる仕事に手を挙げる。**手を挙げる人が少ないから、そういうところはチャンスが回ってきやすい。小さなことでいいんです。例えば年末の大掃除、段ボールいっぱいの書類をシュレッダーにかけなきゃいけない。「誰か、やってくれない？」と言われた時に、真っ先に手を挙げる。

真っ先に手を挙げる習慣がつけば、すごく難しそうなプロジェクトで「メンバーを社内公募します――」という時にも、スッと手を挙げられます。難しそうなことほど、成長できるチャンス。**みんなが嫌がるプロジェクトほど、一番乗りで参加したほうがいい。**

あれこれ思案する前にサッと手を挙げ、体を動かす習慣が身についていると強いです。これはチャンスを呼び込む一番の武器と言ってもいい。運がいいと言われている人の多くは、実はそうやって自分から運を呼び込んでいます。たとえ自分の不得意な仕事でも、やればできるようになるし、やれば伸びる。「Believe yourself」です。

根拠のない**自信がチャンスを呼び込み、そこで経験を積むことで本当の自信がつく。**私が「池本さん、やってくれる？」と言われて断らないのは、自分が成長するチャンスが訪れたと思っているからです。

手を挙げる習慣は、本当に普段のちょっとしたことでも身につけることができます。例えば研修とかセミナーに参加したら、真っ先に質問する。気になること、わからないことがあれば、恥ずかしげもなく聞く。これをすると素直さも鍛えられます。「誰よりも先に質問するぞ」と決めて人の話を聞くと、聞く力もつきます。相当真剣に聞いていないと質問はできません。

そういうふうにやっていくと、会社にとって「はずせない人」になります。会議でもいろいろ質問し、いろんなものに食らいつき、何にでもすごく興味をもって「やります！」

と手を挙げていれば、名前を覚えてもらえます。みんなが嫌がることも率先してやっているとなれば、かなりいい感じで目立ちます。

そういう積み重ねが、やがて「面白そうなヤツじゃないか。ちょっと、これをやらせてみようか」という指名につながる。ヘッドハントされる人は、みんなそうです。そうやって**自分から手を挙げ、経験を積んで、いい感じで目立つからチャンスが指名でやってくる。**

黙って待っているだけでは、チャンスをつかむことはできません。

まず自分から信じる

仕事に限らず、人間関係はお互いに信じ合える関係がベスト。でも、相手に信じてもらえなかったら、どうするか――。これは自分から信じるしかありません。相手を信じ、信じているということを行動で示す。

難しいのは、上司が自分を信用してくれていないケースだと思います。これは実績を上げて、地道に信用を勝ち取っていくしかありません。ただ、メンバーを信じない上司は、部下が自分より上に行くことに抵抗があったり、それを防御している部分もあります。だから、実績を示すと同時に、それが上司にとってプラスなんだということを、日頃からいろんな場面で見せていくことも大切だと思います。

つまり、相手に手柄を渡して、自分が活躍していることの「相手にとってのメリット」を見せる。世話の焼ける上司ですが、これも自分のためです。部下が自分を越えていくことを恐れている上司でも、こちらがちゃんと実績を示し、それが上司のメリットになることを伝えていけば「きっとわかってくれる」と、信じる。

信じてくれないなら「こっちも信じない」という態度で接してしまいがちですが、それでは永遠に平行線です。他人の気持ちはコントロールできません。コントロールできるのは、自分の気持ちだけです。だから、**信じてもらいたかったら、まず自分がその人を信じること**。仕事に限らず、恋愛だって、お客さまとの関係だってそうです。

上司を信じて仕事を頼むというのも一つの手だと思います。社内の根回しを自分でやるのではなく、上司に頼んでみる。「教えてください」と頼む。人は信頼されると、それに応えたくなるものです。

保険会社時代に、これがすごくうまい先輩がいました。上司も、部下も、直属でないスタッフの人にも、仕事をどんどん任せる。周りを動かすのが抜群にうまいんです。だから成績もいい。社内で3本の指に入るトップセールスでした。

彼のやり方は、例えば事務方の女性に仕事を頼む時も「これ、もう俺の手に負えんから頼むわ」「これ、俺、苦手なんやなわあ、頼むわ」「できた？　いや、さすがやわ。きれいに書けてる。助かるわー」といった具合。

私も、すっかりこの手に乗せられてしまいました。彼は自分が担当しているエージェントで、成績がイマイチよくないところをもってきて、「こういうのは相性があるんや。お前なら絶対うまくやれる。保証する。けど、俺は、あいつはあかんねん」と、褒めて私に渡す。信じて期待されると、こちらも嬉しいし、何だかんだ言いながらやってしまうものなのです。もちろん、異動で去っていく時には、成績のいいエージェントの後任にしてくれました。


動かし方は十人十色。本気で信じてさえいれば、スタイルは自由でOK。私がメンバーを信じて仕事を渡す時は、まず本人に考えてもらいます。「大丈夫。きっとできる」と言って背中を押し、「やり方は自分で好きなように考えて」と、丸投げします。

ただし、その人やアウトプットに対する期待値は明確にします。なぜ、その仕事をあなたに任せるのか。どういうレベルの仕上がりを期待しているのか。そこで「納期は？」

「仕上がりレベルについて、もう少し詳しく聞かせてください」と質問してくる人は、その条件とスペックさえ渡せば、あとは自分でどんどん行ける人。それができたら次はもっと大きな仕事を、同じ方法でどんどん渡していきます。

丸投げパターンではなかなか仕事が進まない場合は、条件ではなく、どうすればいいかの〝方法〟を渡します。方法を体得してパターン化できた人には、それを他の人に伝える役割をしてもらいます。伝えることで、本人のパターン学習も強化されるし、他の人に教える中で改善を加えたり、自分なりのパターンを作り出せる人もいます。

組織としては、仕事を自分でどんどん進め、道を拓いていける人が必要ですが、パターンの継承を担う伝道師も大事な存在。その人の人柄や伝える力が活きると、組織としての文化の醸成ができる。これができると、全体の空気感が大きく変わってきます。

組織を変えるには、こうしたムーブメントが必要です。そのためにも**リーダーが「まず自分から信じる」**こと。メンバーを信じ、組織が変われることを信じることが重要です。

さらに、**メンバーにも信じてもらうには、何よりリーダーが「正直である」こと**。私は正直であること、誠実であることがビジネスの基本だと考えています。これは、リーダーの率先垂範によってしか伝播できないものです。

正直であることが大切なのは誰でもわかっています。でも、トップになると情報のアウトプットをある程度コントロールできるので、隠そうと思えば隠せることが実は結構あるものです。

でも、隠し事がたくさんある人って、何となくわかりますよね。何か裏がありそうだなとか、別の顔がありそうだとか。そういう人はメンバーに信じてもらえない。社内にトップに対する不信感があると、それは取引先やお客さまなど社外にも伝わって、会社としての信用を損なうことにもつながっていきます。

正直であるためには、自分を律する意志の強さに加えて、あらゆることを可能な限りオープンにしていくことも大事だと思います。オープンにすれば、いろんな意見が上がってきます。それを素直な耳で聞く。オープンにすれば、リーダーの間違いも全員に見えます。そこはちゃんと正直に認めて謝る。

人間、誰だってミスはするし、間違いもする。社長もする。そこは社員も社長も同じです。重大なことで頻繁に間違いを犯すトップでは困りますが、自分を正直にさらけ出し、その上で様々なジャッジをして、**トップ自身が正直さや誠実さの伝道師にならなければいけない**と思います。

自分に自信がないと、正直になれないものです。何ができるのかと問われた時に、「何でも」「全部」と言う人ほど、実はどれもさして得意じゃない。自分を信じて、自分にできることがわかっているからこそ、できないことも正直に言える。

自分に対して正しい自信がある――。人を見極め、動かし、育てるコミュニケーションに説得力があるかどうかは、ここで決まると思います。

すべてのベースになるのはコミュニケーション

リーダーの正直さ、人を信じる力は、チームとしてのモラルの土台になるものです。仕事をしていると、日々いろんなことが起きます。それをいかに共有し、改善していけるか。**学習を自動化する仕組みの根本を支えているのは、チームのモラル**です。

チームのクレド――ビジョンやフィロソフィーの策定には、メンバー全員が関わることが大切だということは第2章でもお伝えしました。自分たちは何をやろうとしているのか。自分たちはどうありたいのか。どんなチームとして世の中に認められたいのか。これが働く動機となり、目的となる。具体的な数値目標は、それを実現するためのツールです。

全員で作ったクレドを浸透させるために勉強会を開いたり、事あるごとに伝えていくのはリーダーの仕事です。そのための**コミュニケーションにリーダー自身がどれだけ時間とエネルギーをさいているか**でチームの強さは決まります。

こうしたコミュニケーションを通じて私がメンバーに伝えていること、求めているものが3つあります。チームのことを考えて働くこと。今、できることに集中すること。そして、やるからには絶対に勝つ、勝てると信じて全力を出し切ること。

一人でできることは限られています。だからこそチームで働くメリットがある。チームには四番バッターも欲しいけれど、四番バッターばかりではチームは成り立ちません。チームが機能するために、自分はどこで貢献できるのか、どんな貢献ができるのか。そこを考えるのが**「チームのことを考えて働く」**ということです。

それぞれが自分の存在意義をきちんと理解し、そこで頑張る。できないことや足りないものを考えても仕方ありません。過去の経験にとらわれたり、先々のことを心配するのではなく、**「今、自分にできることに集中する」**こと。

目標は、達成できると信じていなければ達成できません。やっぱりダメだった……というのは、たいがい無理だと思って力を抜いているから。**「絶対にできると信じて、全力を出し切る」**ことによってしか、夢は実現できません。

大きなビジョンやフィロソフィーを共有し、全員がこの3つを体現できればチームは必ず進化します。そのサイクルがうまく回っていくような仕組み作りのヒントは各章でお伝えしていますが、仕組み化で一番大切なのはやはりコミュニケーションだと思います。

定期的にミーティングをするとか、組織の壁を取っ払った横断的な会話を増やすとか。コミュニケーション不足で何が一番困るかといえば、問題が明るみに出ないことです。問題の所在がわからなければ改善のしようがありません。組織を運営していく上で何が一番重要かと問われれば、それは間違いなくコミュニケーション力だと思います。

コミュニケーション力とは、自分が思っていることを言語化し、相手に伝えて、自分が思っている通りに相手に行動してもらうこと。伝えはしたけれど、相手の行動に結びついていないというのはコミュニケーションできていないのと同じです。これは伝える側のミスであり、力量不足。相手に聞いてもらう、それを理解してもらう、理解した通りに動いてもらう——この3つのステップをすべてクリアして、初めてコミュニケーションできたことになります。

コミュニケーションは、相手の話を「聞く」と、自分の考えを「伝える」の大きく2つの要素で成り立っています。「伝える」より「聞く」力のほうが大事という人も多いようですが、私は逆。「伝える」が先だと思います。誰かが何かを伝えようとしない限り、聞くという行為は生まれません。聞くばかりで、伝えることをしなければ、相手の行動を引き出すことはできません。

もちろん、聞く力がないと自分のメッセージがちゃんと伝わったかどうか、メッセージを相手がどう受け止めているかを確認できません。でも、伝えるスキルを磨き、ちゃんと伝わったかどうかを逐一確認する中で、聞く力は自然と育っていきます。

学習を自動化する会議術

ビジョンやフィロソフィーを浸透させるためのコミュニケーションには、とことん時間をかけること。第1章で紹介した「感謝の朝礼」のようなミーティングは、できるだけ全員参加で、時間を惜しまないことが大切です。

でも、**何かを決めるための会議やミーティングは基本的に少人数、短時間で終える努力をすべき**だと思います。必要な人が、必要な時にパッと集まって、パッと終えるのが一番。会議室はサッサと出て、現場に戻るほうが組織としても健全です。

長い会議は「人時生産性」を下げる元凶です。役員全員を集めての幹部会議にだらだら時間をかけていると、それだけで100万円、200万円はすぐに吹っ飛ぶ計算になります。それだけの価値がある会議なのか、他に方法はないのか——。メンバー一人ひとりがそういう意識をもつと、組織のスピード感がぐっと上がります。

そもそも人間の集中力はそんなに長くは続かないもの。会議は30分くらいがベストだと思います。だから会議をする時は、だいたい**15分刻みでテーマを設定し、15分で決められるように準備してもらう。**30分で2本、長くても3本45分。準備不足だと思ったら、担当者に「15分後に集まろう」と言って、準備しなおしてもらいます。

会議には、短時間で議論し、結論に到達するという意識をもって臨むこと。大事なのは会議の〝結果〟ですから、会議で決まったことを周知・共有する仕組みも重要です。必ず議事録を作って、議事録には参加者全員がレスポンスをすることを義務づける。メールで送りっぱなし——ではいけません。

合宿ミーティングのように大人数でやる場合は、参加者全員に参加の目的とミーティングの成果に対する期待値を明確にしてもらいます。これは大橋禅太郎さんの『すごい会議』(大和書房)で学んだノウハウです。会議を始める前にこの2点を書き出してもらい、書いた通りに読み上げてもらう。そうすると、この時間を使って自分がやるべきこともクリアになるし、他の人の期待値もわかります。会議の着地点が見えれば、自然と「そのためには何が必要か」と考えて参加できます。

書いた通りに読み上げてもらうのは、手ぶらで発表すると「私も○○さんと同じで……」ということになりがちだからです。同様に、ミーティングの最後にも全員に成果と当初の目的が達成されたかどうかを発表してもらいます。これは自分がそこで何を得たかを確認すると同時に、ミーティングのよりよいやり方を考えるきっかけにもなります。さらに、他の人が何を得たかを聞くことで「自分は見落としていたけれど、確かにあの話は仕事の役に立ちそうだ」など、復習効果もあります。

会議やミーティングは、自分や組織の足らない部分に気づく機会です。緊急性より重要度で議題を決める意識も必要です。今すぐに改善しなくても業務は回るけれど、長期的に見るとすごく重要なこと――。仕事が忙しいと、こういうことは後回しにしてしまいがちです。

プライベートでもそうです。その代表的なものが健康でしょう。健康が大事だということや、健康のために体を動かしたり、食事に気をつけなければいけないことは、みんな頭ではわかっているけれど、なかなか実践につながらない。病気になって緊急度が高まらないと動けない。

病気になる前に、地道な努力でそれを未然に防ぐことが大事なのは組織も同じです。問題が起きる前に行動を起こす。そのための会議です。そういう意識とコミュニケーションが徹底できれば、学習の自動化、進化のための変革の仕組みは8割がた完成したようなもの。それをさらに改善し、よりよいものにしていくことで、組織は持続的成長を実現できるのだと思います。

こんな本もお薦めします ④

仕事は楽しいかね？

デイル・ドーテン著
野津 智子訳（きこ書房・2001年）

仕事をどうすればいいのか……。続けるべきなのか。転職するか。思い切って起業するか。それとも……。誰しも迷ったことがあるのでは？

私も何度もあります。この物語に出会ったのは、そんな30代の頃でした。

「マルキエルは仮想のコイン投げ競争を想定した」

マックスは詳しい話を始めた。

「参加者は一千人。表が出れば勝ち、裏が出れば負けだ。そうして一千人の人々がコインを投げると、だいたい五百人が裏が出て負ける。表が出た五百人は、もう一度コインを投げる。七回投げ終わると、コインを投げ終わる人はちょうど八人になる」（中略）

『……いずれにせよ、参加者が一千人いても、たえず表を出し続けられるのは、わずか八人にすぎない』

「（中略）頭にたたき込んでおいてほしい。何度となく〝表〟を出すコインの投げ手は、何度となく投げているのだということを。そして、チャンスの数が十分にあれば、チャンスはきみの友人になるのだということを」（47頁より）

裏が出た最初の500人のうち、もう一度コインを投げると、次に表が出る人は250人もいるのです。

あなたは何回コインを投げますか？

確率50％がわかっているのなら、無数に投げるでしょう。世の中そんなに単純ではありません。

しかし、コインを投げなければ、十分なチャンスの数には決して恵まれることがないでしょう。

誰かのせい
親のせい
上司のせい
会社のせい
政治のせい
自分には運がない

言い訳、ごまかし、何でも自分以外に不幸の原因をなすりつけ、文句だけは一人前、そしていつも不満顔……。

それではいつまでたってもチャンスはやってきません。

立ち上がれ、前を向け、自分を信じろ。

自分の外にあることには惑わされず、コインを投げ続けよう。当時も今も、私はそう感じて、これからもそうしていくでしょう。

5章

プロフェッショナルリーダーとして

新任社長として最初にすること

「何も変えません」

社長に着任したら、私は最初に宣言します。急激に何かを変えて、今あるものをバラバラにするつもりはありません。

もちろん、組織をいい方向に変えていくことが私の任務です。いきなり大きく変えることはしないけれど、徐々にいい方向に向かっていくために、みんなの話を聞きたい。その**業界や商品について知る前に、まず「人」を知る**ことが大事だと考えています。

どういう人がいるのか、何をやってきたのか、何を目指しているのか。一人ひとり、全員のお話をうかがいます。この「全員面談」が私の最初の仕事です。

おそらく、みんなも私のことを知りたいはず。この人は誰なのか、何をやってきた人なのか、なぜオーナーからヘッドハントされたのか――。「何をするつもりなんだ」という不安感がすごくある。その「何をするか」を考えるために、みんなの話を聞きたいのだということを知ってもらう面談でもあります。

問題点は絶対あるんです。問題があるから私が呼ばれたわけで、なければ今まで通りにやっていればいいはず。そうした問題の所在を確かめるのが第二の仕事です。

オーナーが見ている問題点と現場が感じている問題点には、えてしてギャップがあるものです。大きな経営の視点も大切ですが、実際に仕事が動いている場所で何が起きているかを知る必要があります。現場のことは、やはり現場の人が一番よく知っています。実は問題の所在も、「こうすればよくなる」という方法もわかっていたりする。面談で「過去」のことについて知りたいことがあるとすれば、そこです。

でも、ある意味、それは終わってしまったこと。それも踏まえた上で、**これからどうしたいのか――というところが面談の核心**です。私が一番聞きたいのは「将来」の話。そこに新しい路線のヒントがある。そこからスタートして、精度を上げながら最初の短期的ビジョンを立てていきます。

これは、外様の社長だからこそできることでもあります。オーナーに対しては何となく遠慮があって言えなかったり、距離があって言いづらいこともある。でも、外様の私にはメンバーも言いやすいし、私はオーナーに言いやすい。そこをつなぐコミュニケーターとなることも外様社長の大事な役目の一つだと思います。

メンバーの「こうしたらいいのに……」を私が代わりに伝えて、まずは小さな問題をたくさん解決していく。これが第三の仕事です。

難しいことや大きな問題をすぐに解決するのは無理です。みんなも何かがドラスティックに変わることには不安がある。だから最初はできるだけ小さなこと、すぐにできそうなことを「とにかくたくさん言ってください」と伝えています。

ちょっとしたことで解決・改善できることは、どの会社にも実はたくさんあります。例えば、連絡用ノートを1冊作るとか、始業時間を1時間早めるだけとか。それだけで結果が出ます。

ここで大切なのはスピード感です。声に出せばすぐに解決・改善される。短期間に結果が出て、現場が変わっていく、いい方向に向かって動いていく——ということを実感してもらうこと。

そのためにも外様社長はつねにオーナーより**現場に近いところにいて、現場と一緒に体を動かすこと**が大切です。

近いところにいれば問題も耳に入ってきやすいし、自分の目でそれを見ることができます。「あの人に伝えれば、スグにちゃんと変えてくれる」という信認を得られれば、どんどん情報が入ってくる。――ここが社長の生命線です。

ビジネスの種類を選ばない

いきなり何かを大きく変えることはしないけれど、変化が起きなければ私が来た意味がありません。でも、それを自分の発想だけでやろうとするのではなく、みんながやりたかったことを一緒にやっていく。それが私の基本スタンスです。

小さな波を一緒にたくさん起こして、いいうねりを作っていく。それがやがて大きな変化になる。そうした**変化の主役になってもらう**こと――「変えられた」のではなく、メンバー自身が「変えた」と思えるうねりにしていくことが大事だと考えています。

つまり、現場の話を聞き、組織やメンバーがもっている潜在的なエネルギーを顕在化するのが最初の仕事。そうした潜在エネルギーに気づけるのは、私が部外者だからです。

〝2匹目のカマス〟となることが私の役目。だから仕事を引き受ける際、私はビジネスの種類を選びません。知らないほうが気づけることも多いし、自分自身にとっても学ぶことが多いからです。

もちろん、その業界のことや商品について勉強していく必要はあります。でも、どんな商品やサービスを、どのような形態で提供していても、それを動かしているのは〝人〟です。答えは、つねにそこにある。だから、まっさらな目で入って、そこにいる人たち――メンバーや、お客さまや、お付き合いしている企業の方々（一般には〝取引先〟という言葉を使いますが、お互いのプラスになるよう一緒に取り組むという意味で、私は〝取組先〟と呼んでいます）の声をよく聞くようにしています。

受け入れるメンバーのほうには、「この人、うちの業界のこと全然わかってないいんじゃないの」という抵抗感や反発もあると思います。でも、そうした〝うちの業界のこと〟が成長の阻害要因になっていることが多いのも事実です。うちの業界ではこうしています、こういうものなんです――という話の中には、「それ、本当に必要ですか？」ということがたくさんあります。

かつて規制に立ち向かったヤマト運輸さんのように、**業界の常識を超えていかないと大きくはなれない**し、当時は非常識と思われていたことが、今や業界のスタンダードになっていることもたくさんあります。変革を成長につなげるには、それを業界他社に先駆けてやることも大事。そのための方法論や他業界での成功事例をたくさんもっているほうが〝2匹目のカマス〟としては、はるかに役に立ちます。

プロフェッショナル・リーダーにとって、業界を知らないことは、むしろ強みだと思います。

「それ、やめていいんじゃないですか？」

これは、ものすごく大きな変革です。それがあるから急成長できる。もちろん、私だって何年か経つとやがて気づかなくなります。だから、新しい人をどんどん入れて〝2匹目のカマス〟を増やす仕組みを作っていく必要があると考えています。

混乱は組織の成長痛

小さな改善を積み重ねている間はよくても、「それ、やめていいんじゃない？」にはすごく抵抗する人もいます。やめると仕事がなくなる――という不安があるのだと思います。

もちろん各自の努力も必要ですが、旧来の仕事に注いでいた力を、別の方向で活かしてほしいだけ。伸びない事業を続けても未来はありません。**同じエネルギーをかけるなら、未来のあることにかけてほしい。**

新しいシステムの中で、そのエネルギーを活かせる場所が必ずあるはずです。小さな改善を積み重ね、潜在エネルギーを顕在化させていくのが第1段階だとすると、エネルギーを向ける方向を整理していくのが第2段階です。

変化より安定を好む気持ちがあることはわかります。でも、実際には安定している状態などありません。周囲の環境が変化しているのに、そこに留まっているというのは、現実には〝退化〟しているということ。それなら前進や成長につながるように、プラスに変化したほうがいい。

でも、いきなりそう伝えると、多くの人はびっくりします。伝え方を間違うと拒絶反応を起こしてしまう。そうならないよう、メンバー一人ひとりにとっても、組織にとってもプラスの変化、成長のチャンスだということを理解してもらうことが大切です。

前章で「すべてのベースになるのはコミュニケーション」だということをお話ししましたが、ここはまさにリーダーのコミュニケーション力が問われるところです。

コミュニケーションを図ることによって、全員一緒に成長の波に乗っていくのが理想です。でも、実際にはそこで「そうか！」と思える人と、「そうなの？」と不安を覚える人、「そんなはずはない！」と反発する人が出てきて、社内は混乱します。

しかし、成長に混乱はつきもの。**混乱が起きたということは、組織が成長に向けた大きな一歩を踏み出したという証し。**大事なのは、その後です。

混乱の中でも、多くの人には自分たちが進むべき道が見えています。その中から「こっちへ行くのが正解だと思う」と手を挙げて提案する人、「こうしたほうがいい」と先頭に立って動き始める人が出てくる。そういう人たちを軸に、いかにいい方向に、力強く引っ張り上げていくかが成否の鍵を握っています。

反発したり、抵抗する人がいると成長に加速がつきません。でも、だからといって彼らを切り捨てるのは、プロとして失格だと思います。

私自身が採用した人でなくても、採用した組織を引き受けた責任があります。反論の中から成長に活かせるアイデアを引き出したり、変化のプロセスや新しい環境でその力を発揮してもらえるようコミュニケーションをとったり、そのために必要な勉強やチャレンジの機会をどんどん提供することは私の大事な任務の一つ。**成長の船に一緒に乗ってもらい、**

船上で活躍してもらえるようとことん働きかけることが重要です。

これは、本人のためであると同時に、その船に乗り込んだ他のメンバーのためでもあります。方針に合わない人を船から降ろしてしまうような人事システムは、恐怖政治と同じです。「方針が合わなくなったら私も下船させられる……」となると、楽しく働けないし、思い切ったチャレンジができなくなります。こうなってしまうと、もう船は動きません。

社長業は矛盾との戦い

よく「社長業で一番難しいことは何ですか?」と聞かれます。私はいつも「矛盾との戦い」と答えています。

これは自分の心の中での戦いです。みんなにハッピーになってもらいたいけれど、安穏としてもらっていいわけじゃない。変わりたくないかもしれないけれど、このままでいいわけじゃない。いきなり大きく変えることはしないけれど、よくなるように変えることを考えている。船を動かすには変えていかなければいけない。そこにはすごく葛藤がありま す。その**葛藤や矛盾との戦いを受け入れる**ことができなければ、社長業は務まりません。

業績改善を託されたプロフェッショナル・リーダーの仕事とは、眠っている細胞を起こすようなものだと思います。あるいは、原野の開拓者。今は荒れ地だけれど、そこに実がなりそうなものを植えていく仕事。そのためには一度きれいに掘り起こし、草を刈って、栄養を与えて、土作りをする必要があります。これが「混乱」の状態。これをしないと何を植えても育たないし、種を蒔かなければ収穫には至りません。

そう言うと、保守派の人たちは「今でも花は咲いているんだからいいじゃないか」と言います。でも、今より大きな花を咲かせようと思ったら、やはり一度すべて耕し直す必要がある。同じものを植え続けていると、やがて土に力がなくなり、花は小さくなっていきます。連作障害が起きて、そのうち一つも咲かなくなります。そうなってから耕し直すのでは手遅れです。

耕し直すということは、メンバーにとっては新しい仕事を覚え、新しいことができるようになるということ。仕事の幅や将来の可能性が広がるし、評価も上がる。そういう**可能性を開花させるような環境を整備していくことがリーダーの大事な使命の一つ。**一人ひとりの力を存分に発揮してもらえるような仕事を用意することもそうだし、頑張ろうと思える人事制度を作ったり、あるいは気持ちよく働けるようオフィスのレイアウトを考えるのも大事なことだと思います。

皆さんの会社にも、外部から新しいトップが突然やってくるかもしれません。でも、そこで**混乱が起きたとしたら、それはあなた自身が成長するチャンス**。そういうチャンスは自分自身のために、存分に活用したほうがいいと思います。

学校は学費を払わないと教えてくれませんが、会社では給料をもらいながら新しいことを学ぶことができます。そこで他の人よりも多くのことを学んだ人が、社内で大きな仕事を任せられたり、ヘッドハンティング会社から電話がかかってきたり、他社から引き抜かれたりする。例えば、経理から営業部門に異動になって「だったら辞めます」という人もいますが、転職するなら、営業がわかる経理のほうが市場価値は高い。辞めるのはそれからでも遅くないと思います。

これについては私自身も失敗した経験があります。30代の初め頃、3年近く勤めた保険会社を辞めました。理由の一つは、地方への転勤を言い渡されたからです。

その前年、私は全国で営業成績がトップ20に入り、表彰を受けました。そのために頑張ってネットワークを広げてきたのに、それを無にするような辞令だと思ったんです。

数字を出していたので、少し天狗になっていたのかもしれません。今、考えると我慢が足りなかったなと思います。あの時、新天地に赴いて、そこでまた数字を出していれば、どこに行っても結果は出せるという自信をつけられたかもしれない。そのためのノウハウを身につけてから辞めても遅くなかったはず。最初は少し数字が落ちたとしても、また1年くらいでトップ20入りすれば「あいつはどこに行かせても、何をやらせても大丈夫」という評価をもらえるチャンスだったのに、自分の短気で逃してしまったわけです。

だから今は、ビジネスの種類を選ばず、いろんなことにチャレンジしています。いろんな世界に飛び込んで、つねに変化していたい。今いる場所で、今できることだけに満足していては成長できないし、成長しなければ次のチャンスも開けません。

柔軟な対応力をもつ

経営陣の一員として2社の上場や急成長に立ち合い、社長としてのキャリアを積む前にも、2社で執行役員や取締役を経験しました。

いろいろな世界に飛び込み、いろいろな経験を積む中で、時には失敗することもあります。失敗も結構あるけれど、そこから学べることもたくさんある。仕事には100％の成功も、100％の失敗もありません。

でも、そうした**一つひとつの経験を学びや成長につなげていくには、自分にできることをつねに目いっぱいやることが**大切です。右も左もわからないような環境でも、目いっぱいやる。そこで必要になってくるのが、柔軟な対応力です。

柔軟な対応力とは、現状を素直に受け入れる力。転職先で「前の会社ではこうだった」とか「昔はこうしていた」という話をする人もいますが、目線が過去に向かってしまうと、目の前のことがおろそかになってしまいます。

今の自分にできること、自分がもっている力を、与えられた現状の中で目いっぱい発揮するにはどうすればいいかをつねに考えること。目いっぱいやらなければ大きな成功は得られないし、目いっぱいやってダメなら納得できる。そして、その失敗から確実にたくさんのことを学べています。

現状を素直に受け入れるというのは、別の言い方をすれば「プライドは忘れろ」ということです。わかりやすい例で言うと、例えば運転手付きの車で通う生活から満員電車で通勤する生活に変わっても、私は平気（運転手付きの車で通ったことはありませんが）。あるいは、オフィスが個室から大部屋になってもOK。そんなことはどうでもいい。

「前の会社はこうだった」とか「これまでの俺のやり方は……」というのも、意味のないプライドにとらわれている証しです。**自分が身を置く新しい環境にとって、コアとなるものは何か。そこに素早く自分の軸を合わせることができるか**どうか――。リーダーに求められる柔軟性とは、その切り替えの速さと正確さです。

コアとなるものとは、お客さまのニーズやウォンツです。お客さまは誰なのか、どんな人たちなのか、何を求めているのか――。

例えば通販化粧品会社なら、お客さまのほとんどは健康や美容に強い関心をもつ女性です。アンケートを読めば、食やライフスタイルの志向も見えてきます。ファッションから家電、デジものまで幅広い商品を扱うネット通販会社では、お客さまの男女比は半々。年齢層はぐっと若く、ほとんどがシングルで、生活の時間帯も様々です。

そうした**お客さまの目線と志向に、自分がどれだけ近づけるか**。事業の成否を分ける鍵はここにあります。

お客さまに満足していただけなければ、企業の成長はありません。企業人の幸福は、顧客満足度にかかっています。それは社員にとっても、社長にとっても同じ。社長も社員も、つねにお客さまのほうを向いて仕事をしていくことが大切です。

そのために、私はまずお客さまに関する基礎データやアンケート回答を読みながら、この会社のお客さまはどんなものが好きなんだろう、どうすれば喜んでいただけるんだろう——と、想像をふくらませながら考えます。それに合わせて、自分の目線や判断基準も変えていく。社員は社長の言動をよく見ています。まずは社長がそれを実践し、率先垂範すること。過去を引きずっていては、組織の舵を取ることはできません。

柔軟に対応する力とは、変化を楽しむ力でもあります。今までとは違うお客さま、まったく新しい環境や文化をとことん楽しむこと。その中でベストを尽くし、最高のものを作っていくのがプロの仕事だと思います。

プロに徹するための「距離感」の鉄則

リーダーにとって、コミュニケーション力は生命線です。でも、これは仲良くなるという意味ではありません。**一線を引きながら交わる距離感が、プロフェッショナル・リーダーには必要**だと思います。

社員とも、取組先企業の方とも、この目に見えない一線が曖昧になってしまうといい仕事はできません。一線を越えて自由に行き来できるような〝友だち感覚〟は馴れ合いのもと。**「親友」になっていいのは、お客さまだけ**だと思います。

親友とは相手のことを親身に思い、相手のために行動する関係ということ。お客さまのことを親身に思って商品やサービスを提供し、お客さまにも会社のことを大事に思っていただけるよう努める。そういうお客さまは、会社にとってはロイヤルカスタマー。いいことも、悪いことも言っていただけます。

一線を越えて、踏み込んで言っていただけるということは、とてもありがたいことです。その言葉には全力でお応えし、よりよい商品やサービスを提供していく——。このキャッチボールを続けていくことが、事業の持続性を支える大事な基盤となります。

気に入らない客には帰れと言うようなラーメン屋さんは、よほどの特殊性や強みがないと長続きしません。「いいんだ、それが俺のやり方だから」という人がいてもいいとは思いますが、それは事業ではない。持続的な成長を実現することが組織の使命。１００年先にも繁栄していてこその事業です。だからこそ、お客さまには「親友だから言うけど……」と、踏み込んで苦言を呈していただけるようでなければいけないし、つねにお客さまのために何ができるかを考えて行動することが大事です。

取組先企業は、この「お客さまのために」を実現するための大事なパートナー。それぞれのビジネス・ゴールを尊重し、互いに成長できるよう協力していく間柄です。

社員は「お客さまのために」を一緒に実現していく同志。同じ目標に向かって行動をともにし、成果を分かち合う仲間です。コミュニケーションをとることは大切ですが、仲良くなることが目的ではありません。一緒にお酒を飲んだり、お互いのことをよく知る努力は必要ですが、それがメインではないはずです。

同僚や部下のプライベートなことにやたらと詳しい人もいますが、そのエネルギーはお客さまを知ることに向けるべきではないでしょうか。もちろん私も社員に、家族や家庭の状況をたずねることもありますが、それは仕事上の必要性がある時だけ。例えば、大事なプロジェクトを任せたい時、その人がもし「今は子供の受験で大変」ということであれば、受験が終わった頃にスタートできるように考える。お互いに〝プロフェッショナル・キャラクター〟としての深い付き合いであることが大事だと思います。

先日テレビを観ていたら、イチロー選手がインタビューに答えて「ユニフォームを着ている時はかっこよく見せたい。自分を〝見せる〟場だから」ということを言っていました。その言葉に共感したのは、私自身も中学・高校時代は野球に明け暮れていたということもありますが、やはりスーツを着て仕事をしている時は、**プロの職業人として、お客さまのために全力を尽くす**ことを第一に考えているからだと思います。

プライベートではどうであっても、スーツを着たら切り替えて、お客さまにベストなものを提供しようと決意してやっている。社員や、お客さまや、取組先企業の方との間だけでなく、自分の中でもオンとオフの一線はきちんと引いておくことが大事だと思います。だから、私は金曜日に会社を出た瞬間、仕事の頭を完全にリセットします。翌週の仕事のスケジュールは頭から追い出してしまう。

仕事を持ち込まないよう、自宅のＰＣと会社のＰＣは同期させていません。やろうと思えばできない環境ではありませんが、やらない主義。仕事のことを考え始めると〝全力モード〟になるので、やること、やりたいことが次々と頭に浮かんできてキリがない。

平日にエンジン全開で仕事ができるようにするためにも、一線を引いて、オフはしっかり切り替えるようにしています。

プロとして自分を律する力

一線を引く、というのはプロとしての覚悟や決意だと思います。甘えない、愚痴らない。人を率いて組織を動かすリーダーには、自分を律する力が必要だと思います。

組織を動かす仕組みやリーダーシップ、プロの職業人としてのマイ・ルール——。私がこういうことを考えるようになったのは36歳くらいからです。若い頃から経営者を目指していたわけでも、意識して勉強していたわけでもありませんが、いつの間にか自分がそういう立場になって、やるからには徹底的に勉強しようと考えたわけです。

もちろん、それまでも本を読んだり、セミナーに行ったりはしていました。ビジネス書や経営者の自伝を読んだり、自己啓発のテープを聞いたり。ちょうどハワイのリゾートホテル再建プロジェクトを担当していた頃ですから、28歳頃からです。そうやって意図せず蓄積してきたものが、「こういうことだったのか!」とわかったのが30代の後半です。

自分がやっていることや、やろうとしていることがセオリー化できた。ふと気づくと、実践していた。その準備ができていたのは、やはり20代からの蓄積のおかげ。そのきっかけを作ってくれたハワイ時代の上司には本当に感謝しています。

リーダーになってからリーダーシップについて考えたり勉強したのでは遅いと思います。なった瞬間から決断の連続。問題は次々と起こるし、判断に迷う場面も多い。正解がない世界だからこそ、自分はこうするという軸や自分なりの判断基準が必要になります。たとえ今は使うあてがなくても、とにかくたくさんのものを吸収し、蓄積しておくことが大事だと思います。蓄積しながら目いっぱい仕事をして、仕事をしながら自分なりに考えて、理論通りになったり、ならなかったり——そういう試行錯誤をしていると、やがて使うチャンスがやってきます。

経営や組織、人を動かす仕組みについて本格的に学び始めたのと同時に、もう一つ、意識的に取り組み始めたことがあります。それは健康管理です。

37歳の誕生日に、まずお酒をやめました。そこから健康管理に本気で取り組み始めました。私の主食は野菜やフルーツ。お茶も滅多に口にしません。趣味の一つであるマラソンは「毎年1回、ウルトラマラソン（100㎞）完走」をノルマにしています。やるならとことん、が私の主義。

なぜ健康かというと、これは判断のためです。日々、次々と起こる問題を正しくジャッジしていくには、つねに自分の脳がベストな状態である必要がある。前日のお酒が残っていたり、体調が万全でなかったり、タバコを吸って脳に血液が行っていない状態でジャッジするのは、すごく危険だと思ったんです。

大事な場面でクリアな判断ができないというのはリーダーとしては致命的。やはり自分の健康管理にも責任をもち、そのために徹底して自分を律する覚悟は必要だと思います。

矛盾を受け止める覚悟をもつ

つねに冷静な判断ができる状態をキープすること。そして、それがいかに辛い判断、決定であったとしても、それを遂行する覚悟をもつこと。この2つはリーダーの絶対条件だと思います。

リーダーも人間です。悪者にはなりたくない。でも、それが組織の持続的成長に必要不可欠だと思うのであれば、みずから手を挙げて、それを引き受けるくらいの覚悟は必要だと思います。そのことを痛感したのは、以前、ＣＯＯとして経営に携わっていた会社で大リストラをやることになった時のことです。

経営は日々、矛盾との戦いだということはすでにお話しした通りです。この時も、業績回復には思い切った人員削減が必要だという冷静な判断がある一方で、自分としては一人も切りたくない。でも、誰かがそれをやらなければ船が沈没してしまう——。ＣＥＯと話をし、希望退職を募って、社員もアルバイトの方も半数に減らす決断をしました。

一部の人にとっては、おそらく私はそのＡ級戦犯だと思います。リストラを決断した瞬間、ＣＯＯだったのは私です。その時点で私はＣＯＯを降り、リストラの矢面に立つ人事セクションの管轄を担当することにしました。

リストラを決断した瞬間、これが原因で自分が辞めることになるだろうと思いました。でも、一旦は船長を引き受けたこの船が航海を続けられるようにすることと、新たな成長の航路にのせることが私の責務です。船がベストな形で再出発を果たすには、そうしたことをすべてやり終えた上で自分が下船することが、ベストな選択だろうと判断したわけです。

仕事をしている時はプロフェッショナル・キャラクターに徹するのが私のやり方。顔には出さなくても、これは相当に辛い経験でした。でも、組織のためにも、メンバーのためにも、そしてお客さまのためにも、ほかに選択肢はない――。自分のストレス耐性の限界へのチャレンジ、経営危機への対処を学ぶチャンスと受け止めることにしました。

今でもリストラ計画を発表した時のことを思い出すと、胸がしめつけられます。一緒に働いてきたメンバーは、もちろん可愛い。憎いわけがない。何とかしてあげたいけれど、自分はその役に立てない。心を鬼にするほかありませんでした。

思っていることと、言っていることのギャップが大きくて、自分がばらばらになるような感じでした。淡々と話をしましたが、いたたまれなくて、泣きそうでした。この場から逃げ出したいと思ったのは初めてかもしれません。

もう二度とやりたくない。でも、貴重な体験をさせてもらったと思っています。企業経営における極限の危機を体験したことで、矛盾を受け止める覚悟の大切さと、その重さを学ぶことができました。

リストラを断行するに当たって、一つ自分に課したことは、再就職ができない人を出さないということです。自分の人脈をフルに駆使して、ありとあらゆるところに声をかけまくりました。

すべてをやり遂げた後に、私はすべての役職を辞しました。実質的に船を降りたわけです。新しい航海に出たメンバーの活躍と、組織の今後を今も思っています。

そして、私はチャンスがあれば何度でも、組織を率いるプロフェッショナル・リーダーとして仕事をしようと考えています。なぜなら、仕事を通して自分自身がいつまでも成長したいからです。

過去の経験は確かに貴重なものですが、それはやがて時代に取り残されてしまうでしょう。現代のスピード感からすると、おそらく半年も経つと新しい考え方や技術が現れ、環境が一変してしまうこともあります。3年も4年も前の経験がそのまま通じることはまずないと覚悟していたほうが賢明です。現実に起こっていることに身を置いてこそ、そこから得られる実体験をもとに成長できる。つまり、新しくわかったり、できるようになることが増えるのだと思います。

日本は今、人口の減少や経済不振といった、一個人、一企業だけではどうすることもできない課題に直面していますが、それでも生活していく上で必要なものは消費されていきます。衣食住に関係するものはどうしても必要になるわけですから、そこには生活者のニーズが必ずあります。そして、ニーズがあるところには、同時にビジネスのチャンスがある。これをどうすれば顕在化できるのかを考え抜くところに面白さがあり、新たなビジネスを創り出すチャンスがあります。

決していい条件が揃っている時ばかりではありませんが、誰も見向きもしない、チャンスに気がつかないのだとしたら、手つかずのまっさらな市場がそこにあるのではないかと私は考えます。

そして、そのチャレンジがやってきました。

私が近年関わってきたのは、インターネット通販や化粧品通販の分野です。昨今、アパレルや食品、家電製品など個人向けの生活必需品は、ほとんどと言っていいほど、通販でなんでも買い揃えることができます。

また、メディアという側面では、インターネット以外にもテレビ通販、新聞・雑誌などの紙媒体を使った通販などがあり、商品とメディアの組み合わせだけでも無数の手法があり、多種多様な取り組みがなされています。カタログ通販の分野もその一つです。

このビジネスは大きな市場拡大が望める状況ではありません。業界全体の流れとしては、カタログだけの売上規模は衰退の傾向にあり、カタログオンリーからインターネットに重心を置いたメディアへの転換が進められています。カタログ通販という業態の一番の資産は、長い時間をかけて多くのユーザーと接してきた中で、蓄積されたノウハウではないかと思います。この資産をインターネットビジネスにどう活用するか――これが、まさに私が取り組もうとしている課題です。

２００８年10月から私が社長を引き受けたのは、株式会社イメージジングという会社です。同社はカタログ通販会社イマージュのグループ企業で、現在は新しいインターネット通販の企画・開発を行っている社員数名の小さな会社です。

イマージュには数百万の顧客データがあり、商品の開発生産能力も、減少傾向とはいえまだまだ販売力もあります。物流システムも、受注体制などのインフラも整備されていて、その一つひとつにノウハウが蓄積されているわけですから、ビジネスの基本的な環境は整っています。

しかしその中には、これまでに培ってきたノウハウが活かせる部分と、実は発想を完全に切り替えないとインターネットでは通用しない部分があります。本書で述べてきた人に関するテーマと同じように、まずは活かす部分と通用しない部分を見極めることから始めなくてはなりません。

実際に動かしてみると、うまくいくことばかりではないと思います。でも、これはチャレンジする上で当たり前のこと。失敗を最小限に食い止め、そして、どんな失敗も乗り越えて、事業を大きく、強く、正しく育てていかなくてはなりません。その覚悟を決めて、敢えてチャレンジする道を定めました。

プロフェッショナル・リーダーの「最後の仕事」

雇われ社長としてやるべきことの第一は、やはり結果を出すためにすべてを引き受けることだと思います。結果を出すためには、本書でお伝えしてきた通り、人を見極め、動かし、育てる力が必要です。

これはプロフェッショナル・リーダーとして仕事を引き受け、結果を出し、次代に引き継ぐというステップとも符合します。

まず入り口のところで、**私が仕事を選ぶ基準は「人」**です。一緒に働く人、パートナーを信じられる相手かどうか。まずは、その会社を育ててきた**オーナー社長と信頼関係が築けるかどうかを「見極め」る**。その人を信じられないと、組織にフィットできません。組織にフィットできなければ社長は務まらない。ここの見極めは非常に重要です。

プロフェッショナル・リーダーの仕事は、まさに「守破離」。組織にフィットするために、オーナー社長の考えや、やってきたことを一通りコピーして、一体化する。これが「守」の段階。すべてをコピーすると、おかしいところがわかってきます。そこを「破」っていくのが次の段階。自分のカラーを出して成長の軌道を作り、さらに自分だけのカラーからも「離」れて、新たなステージへともっていく。自分のやり方にこだわって「離」ができないと、やがて組織の成長は止まってしまいます。

「破」と「離」を遂行するには人を「動かす」力が必要です。すぐに結果が出なくても、オーナーやメンバーとの人間関係がうまくいっていれば、やがて業績はついてきます。ただし、どんなにオーナーとうまくいっていても、メンバーと合わなければ結果は出せません。メンバーとの関係と業績は不可分。これは同時に満たすことが大切です。

成長の軌道に乗ったら、**次のリーダーを「育てる」**。社長業で一番大事な仕事は、実は自分の次の社長を探すことです。

組織を成長軌道に乗せるプロとして請われて着任したわけですから、使命を果たせば自分はいつかいなくなる可能性もあります。そうなった時のために、組織としての一貫性や独自の文化を継承してくれる人を育てておく必要がある。

トップが替わるたびに商品やサービスの質が変わってしまうようでは、お客さまが困ります。そのたびに社風やビジョンがころころ変わるようではメンバーが大変です。次の社長にも「守破離」を継続して、さらに高みを目指してもらいたい。

そういう人材が組織の中から出てくるのが理想です。だから、内部で**自分の後任となる人材を発掘し、育てておく**。これもプロフェッショナルな経営者としての大事な仕事の一つです。

後任を育てる上で大切なのは、素直さです。それがないと、自分より若くて優秀な人を認めたり、見極めたりすることはできません。自分にとって都合のいい人、自分の言うことをきくメンバーを登用しても、次の「破」や「離」を起こせない。

世の中はつねに変化しています。時代が変化し、経営環境が変化し、組織が変化していけば、自分が育てた組織に自分自身がフィットしなくなることだってあるでしょう。それも素直に認め、タイミングを逃さず次のリーダーにバトンタッチして、自分は自分で次なる成長の場を探す。それが、プロフェッショナル・リーダーの最後の仕事。そこまでできて、初めてまっとうしたことになるのだと思います。

私も、そういう潔さや素直さが決して曇ることのないよう肝に銘じて、新しいチャレンジに臨んでいこうと考えています。

こんな本もお薦めします ⑤

ハイパワー・マーケティング

ジェイ・エイブラハム著
金森 重樹監訳（インデックス・コミュニケーションズ・2005年）

私はこの本を2冊持っています。

1冊は確か監訳者の金森重樹さんのメルマガ「回天の力学」で発売を知り、あまりの衝撃にそのままアマゾンで買ってしまいました。

まさにハイパワー・マーケティングに乗ってしまったわけです。

届いた本書を読み始めたところ、自分が実践していた手法が書かれていて、まず共感。しかも、なぜうまくいくのかの明確な理由がわかり、ズシンズシンと重低音のように胸に響いてきたのをよく憶えています。

そして、翌朝は出張だというのに夢中で明け方まで読みふけってしまいました。その結果、翌朝は起きるのが遅れてしまい、急いで出かけたので、読みかけの本書をバッグに詰めるのを忘れてしまったのです。

でも、どうしても続きが気になり、今すぐ読みたくて仕方ないという一種の禁断症状のようになって、出張先の書店でもう1冊を買い、移動中に続きを読み切ってしまいました。

ジェイ・エイブラハムは世界ナンバーワンのマーケッターと言われており、今ではよくできた教材が販売されています。

http://www.tsmc.bz/tsmc_member.php（僭越ながら私もここの教材に採用していただいています）。

その集大成が、しかも日本語で手に入るのは画期的でした。職種を問わずマーケティングが必要のないビジネスはないので、本書はものすごく安い投資であることに間違いありません。

おわりに

あるセミナーの講師を担当させていただいた時のことです。内容としてはマーケティングについてだったのですが、意外な質問をされました。

「池本さんが生きていく上で、大事にしているものを3つ挙げるとすると、それは何ですか?」

マーケティングのセミナーでそんな質問が飛び出すとは思いもよらなかったので、もちろん答えは想定していませんでした。正直に白状すると、驚いて一瞬ドキッとしました。そこで、とっさに出た答えは「家族、仲間、健康」の3つでした。

平静ではない時にこそ人のホンネが出るとよく言われますが、まさにその時思わず出てしまった答えが、自分でも気がつかなかった私の深層心理的な部分だと思います。家族というのはもちろん、毎日の活動をサポートしてくれる妻や子供たちへの感謝の気持ちもあるのですが、今、自分がこうして好きなことをしていられるのは両親をはじめ、ご先祖さまのおかげという気持ちを強くもっています。

そして、特にビジネスという側面においては、本書でも一貫してお伝えしてきた通り、一緒に大きな目標を達成することに情熱を傾けられる仲間を大切に思っています。どうやらこれは、変えることができない私の思想の根幹のようです。

人は誰でも生きがいが欲しいものです。つまらない人生より楽しい人生を求め、一人ではなく誰かと一緒に、褒められたり、認められたり、時には助けられたり、慰められたり、そうやって日々暮らしながら、より自分らしい生き方が実現できないものだろうかと願っているのではないでしょうか。

自己実現とは、そういうことなのではないでしょうか。さらに言えば、それを具体的に実践する場として、最も適しているのが仕事をするということだと思うのです。

なぜなら、高校生のアルバイトから、ご年配の方の庭掃除に至るまで、生涯を通して仕事に費やす時間が実は一番長いのです。自己実現と言っても簡単に実現できるものではありませんから、実践するには、その時間を使ってコツコツと成長していくことが有効です。

大成功した事業家やエリートビジネスマンのように報酬が高くても、あるいは専業主婦のように報酬がなくても、「何かに仕える事」はすべて仕事です。一人ではたいしたことはできないけれど、仕事を通して自己実現をしようとする仲間が集まったチームでなら、大きな成果を狙える可能性が広がります。何より、働くことでしか得られない喜びを共有できることは楽しいではありませんか。

仕事は何でも構いません。意識の高い仲間を集め、お互いの得意な分野を活かしながら、じっくりと大きな仕事に取り組み、やがて大きな成果を実現する。そして、そのノウハウを次の世代に伝えることで、個人の能力や時間的制限を超えたチームを残す。それが、私が最終的にやってみたいチャレンジです。

そのための選択肢として、ゼロからビジネスを作ることに取り組んだり、思い切って海外に活動のフィールドを広げる可能性もあります。

セミナー講師を頼まれれば、それも喜んでお引き受けします。それが高じてビジネスに発展させることも、得意なことが活かせるゾーンに含まれると考えています。

将来のことは誰にもわからないので、この先、何を起こせるか楽しみです。しかし、何を起こせたとしても、どんな人と一緒に働くか——が私の意思決定の中心であることに変わりはありません。

もう一つ、変わらず大事にしたいのが健康です。いつでも明確な判断を下せることは、プロフェッショナルとして最低条件です。そのためには、心身ともに健康であることが最短距離だと考えています。

判断を間違うことはないに越したことはありませんが、判断をする現場にいなければ間違った判断すらできません。何も決められないまま時間が過ぎることは、間違った判断にも劣ります。

間違いは、別な見方をすれば、やってはいけないことが一つわかったということでもあり、それ自体が学習、成長になります。ところが何もできなければ、学習も成長もなく、むしろ衰退していることになってしまいます。そうならないための大事なことが、健康状態をいつもベストに保つことだと信じています。

さて、本書では私が考えるチーム作り、特に「人」についての考えをお伝えしてきました。私自身は完璧な人間ではありませんし、むしろ欠陥だらけで規格外の男だと認識しています。今までそうだったように、これからも多くの失敗をすることでしょう。

しかし、私には自信があります。根拠のない自信があります。それは、諦めずに何かに仕える事を続ければ必ず成果が出せる、夢は叶うということです。そのためにチームを作り、お互いに得意な分野で能力を発揮する。私は自分で選んだプロフェッショナル・リーダーという生き方とじっくりと向き合って、清濁併せ呑みながらますます自分を鍛えていこうと思っています。

最後までお読みいただき、ありがとうございました。

ぜひ、あなたにも自分らしい生き方を見つけ、何かに仕える事で成長する自分を楽しんでいただきたいと思います。

［著者］
池本克之（いけもと・かつゆき）

株式会社イメージング代表取締役。1965年兵庫県神戸市生まれ。1988年日本大学農獣医学部農学科卒業。ノンバンクを経て、1996年ソニー生命保険株式会社に入社、代理店営業として勤務。その後、マーケティング会社、通販会社に勤務し、2000年に株式会社ドクターシーラボと業務委託契約締結、2001年に同社代表取締役に就任、2003年3月ジャスダックに店頭公開させる。2004年3月、株式会社ネットプライス執行役員に就任、同年７月の東証マザーズ株式公開に立ち合う。2007年11月、同社グループの取締役をすべて退任し、フェローとなる。2008年10月現職に就任。趣味はマラソン、靴磨き。
著書に『年商３億円を120億円に変える仕事術』（大和書房）、『通販を極めた勝者が教える40倍稼ぐしくみ』（ＰＨＰ研究所）がある。

株式会社イメージングのウェブサイト
http://www.image-net.co.jp/imaging/
ブログ・池本克之の「今日も絶好調！」
http://ameblo.jp/ikemoto/

プロフェッショナル・リーダーの
人を見極め、動かし、育てる法則

2008年10月2日　第１刷発行

著　者——池本克之
発行所——ダイヤモンド社
〒150-8409　東京都渋谷区神宮前6-12-17
http://www.diamond.co.jp/
電話／03･5778･7234（編集）03･5778･7240（販売）
著者エージェント——アップルシード・エージェンシー（http://www.appleseed.co.jp）
ブックデザイン——Malpu Design（清水良洋＋渡邉雄哉）
写真————清水博孝
製作進行——ダイヤモンド・グラフィック社
印刷————八光印刷（本文）・加藤文明社（カバー）
製本————宮本製本所
編集担当——佐藤和子

ISBN 978-4-478-00340-4